教育部人文社会科学研究青年基金项目
政治压力、外汇市场压力与中国货币危机早期预警系统研究(10YJC790175)

国家社会科学基金重大研究项目
防范系统性和区域性金融风险研究——基于金融适度分权的视角(13&ZD030)

政治压力、外汇市场压力与
中国货币危机早期预警系统研究

刘晓辉◎著

中国金融出版社

责任编辑：张 铁
责任校对：张志文
责任印制：陈晓川

图书在版编目（CIP）数据

政治压力、外汇市场压力与中国货币危机早期预警系统研究（Zhengzhi Yali、Waihui Shichang Yali yu Zhongguo Huobi Weiji Zaoqi Yujing Xitong Yanjiu）／刘晓辉著 . —北京：中国金融出版社，2014.12
ISBN 978 - 7 - 5049 - 7733 - 5

Ⅰ . ①政… Ⅱ . ①刘… Ⅲ . ①货币危机—预警系统—研究—中国 Ⅳ . ①F822.5

中国版本图书馆 CIP 数据核字（2014）第 279244 号

出版
发行　中国金融出版社

社址　北京市丰台区益泽路 2 号
市场开发部　（010）63266347，63805472，63439533（传真）
网 上 书 店　http://www.chinafph.com
　　　　　　（010）63286832，63365686（传真）
读者服务部　（010）66070833，62568380
邮编　100071
经销　新华书店
印刷　北京市松源印刷有限公司
尺寸　169 毫米 ×239 毫米
印张　7.5
字数　131 千
版次　2014 年 12 月第 1 版
印次　2014 年 12 月第 1 次印刷
定价　25.00 元
ISBN 978 - 7 - 5049 - 7733 - 5/F.7293
如出现印装错误本社负责调换　联系电话（010）63263947

目　　录

表　录

图　　录

导　论

第一节　问题的提出

20世纪90年代后，发达国家和发展中国家频繁爆发货币危机。首当其冲的是1992—1993年的欧洲国家，投机攻击导致英镑和意大利里拉大幅贬值，迫使英镑脱离了欧洲货币体系（EMS）。紧随其后，墨西哥于1994年12月也爆发了货币危机。接着，从1997年7月泰铢贬值开始，货币危机像瘟疫一般肆虐了东南亚地区。次年8月，俄罗斯债务违约引发俄罗斯金融风暴。1999年1月，危机的幽灵笼罩巴西，巴西货币雷亚尔被迫贬值并实行浮动汇率制度。2001年1月，土耳其遭受货币危机的袭击，土耳其里拉被迫浮动。同年12月，阿根廷宣布对其外债违约，2002年1月，实行了十年之久的货币局制度烟消云散，比索大跌40%，到2002年10月，比索兑美元汇率再度从1.4贬值至3.75，跌幅达168%。上述列举的货币危机仅仅是近年来学界乃至普通大众老生常谈的几个著名案例，实际上仅20世纪90年代后爆发的货币危机就已远不止此（见表0-1）。

表0-1　　　　　　　　　　1990—2013年的货币危机

经济体	危机当年	危机前两年	危机时间	经济体	危机当年	危机前两年	危机时间
阿尔及利亚	50.17	12.56	1994	毛里塔尼亚	38.81	3.93	1993
阿根廷	206.48	0.00	2002	墨西哥	90.20	4.50	1995
贝宁	96.07	0.40	1994	摩尔多瓦	95.80	8.29	1999
巴西	56.30	3.63	1999	蒙古	44.05	15.47	1997
刚果	44.79	9.29	2009	莫桑比克	35.96	13.39	2001
多米尼加	65.67	6.53	2003	缅甸	11667.83	-1.17	2012
埃及	30.03	13.84	2003	尼日尔	96.07	0.40	1994
斐济	37.62	1.33	1998	尼日利亚	321.90	0.00	1999

续表

经济体	危机当年	危机前两年	危机时间	经济体	危机当年	危机前两年	危机时间
格鲁吉亚	45.67	3.93	1999	巴拉圭	39.22	14.77	2002
加纳	48.50	15.77	1993	菲律宾	38.76	7.18	1998
加纳	104.36	14.11	2000	俄罗斯	67.77	12.64	1998
加纳	33.17	7.58	2009	卢旺达	86.34	2.62	1995
几内亚	62.41	6.75	2005	塞内加尔	96.07	0.40	1994
海地	44.84	17.56	2003	塞舌尔	41.13	10.88	2008
印度尼西亚	244.18	14.19	1998	塞拉利昂	59.31	14.26	1998
伊朗	1833.99	-1.88	1993	苏丹	33.99	7.92	2012
伊朗	293.81	0.02	2002	苏里南	12362.79	0.00	1994
伊拉克	686316.9	0.00	2003	苏里南	107.69	0.07	1999
哈萨克斯坦	52.64	7.94	1999	泰国	31.87	12.74	1998
韩国	47.32	11.28	1998	多哥	96.07	0.40	1994
老挝	36.80	13.29	1997	乌克兰	31.58	12.98	1998
利比里亚	4050.75	0.00	1998	乌克兰	47.92	2.15	2009
利比亚	110.01	14.14	2002	乌拉圭	59.60	8.39	2002
马达加斯加	60.28	2.12	1994	委内瑞拉	60.43	9.34	2002
马达加斯加	50.92	-2.84	2004	委内瑞拉	66.12	10.13	2011
马拉维	88.96	3.79	1998	也门	240.04	0.00	1995
马拉维	59.16	5.30	2012	赞比亚	34.72	2.33	2009
马来西亚	39.50	6.14	1998	津巴布韦	95.51	18.26	1998
马里	96.70	0.40	1994	津巴布韦	1167.22	11.96	2003

注：1. 表中货币危机指一年内一国货币以美元衡量的价值损失超过30%且危机前两年中每年变动幅度小于20%的情形（Feenstra and Taylor, 2012）。

2. "危机当年"和"危机前两年"两列对应的数值分别表示危机发生年一国货币兑美元的百分比贬值幅度和危机发生前两年一国货币兑美元的平均贬值幅度。

资料来源：世界银行数据（WDI）。

　　频繁爆发的货币危机带来了严重的经济和政治后果。理论和证据表明，货币危机的经济代价是非常巨大的。危机不仅导致外汇储备的迅速流失和国民财富的巨大损失，而且还导致了严重的产出衰退（见图0-1）。对新兴市场经济体和发展中国家来说，危机导致的产出衰退比图0-1描述的更为严重。Feenstra和Taylor（2012）指出，货币危机过后，"发达国家的增长速度在危机发生后的2—3年中超过正常水平……但新兴市场经济体的产出增长并不能很快反弹，它们的产出增速反而会急剧下降。在危机当年及随后的两年，它的产出增速低于正常水平的 2.5%—3%，到第 3 年，产出增速仍低于正常水平 1%。"

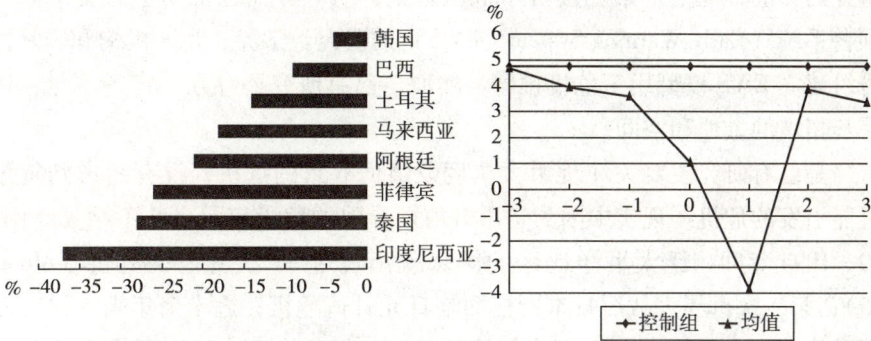

注：1. 左图为各国财富损失占 GDP 的百分比。
　　2. 右图横轴刻度 0 表示危机发生当年，1 表示危机发生后 1 年，－1 表示危机发生前 1 年，
　　其余类推。
资料来源：Feenstra 和 Taylor（2012）；IMF（2004）。

图 0 - 1　货币危机导致的财富损失与产出衰退

此外，发展中国家和新兴市场经济体的货币危机还会带来极为严重的政治后果。Frankel（2005）指出，货币危机往往伴随着政府官员的人事变动。图 0 - 2 清晰地表明，财政部部长和中央银行行长在危机发生后的第 2 年丢掉职位的概率比正常时期（非危机时期）高出 22%，政府首脑（如总统或首相等）因危机而去职的概率也提高了 8%。

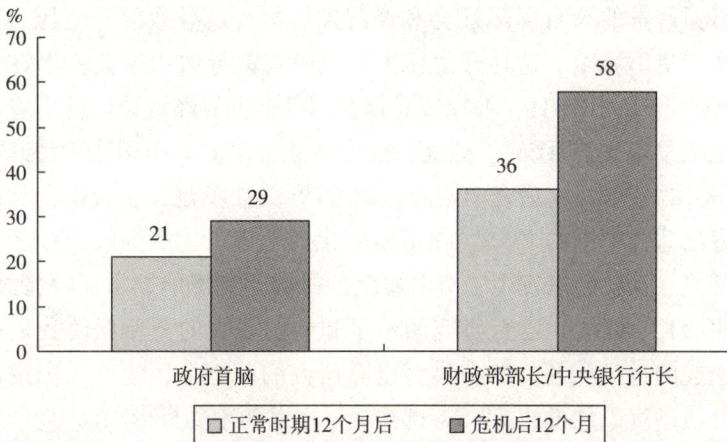

资料来源：Frankel（2005）。

图 0 - 2　货币危机的政治代价

　　频繁爆发的货币危机及其导致的严重后果一方面激起了学界对货币危机理论研究的热潮，催生了第三代货币危机理论，另一方面也推动了对货币危机早期预警系统（Early Warning System，EWS）的研究。学界、私人机构和国际性组织纷纷建立 EWS 模型用于危机预警。然而，已有研究还存在一定的不足，还有进一步拓展的余地和空间。

　　一是已有研究主要关注货币大幅度贬值而导致的危机，没有考虑到货币升值可能引发的危机。现实中因为货币升值而导致的危机启示也并不罕见。例如，1980—1994 年间，泛太平洋地区的国家就出现过 54 次升值型危机（Moreno，1995）；第二次世界大战后日本同样面临日元升值危机；近十余年来人民币面临持续升值压力也可能由此而面临危机的威胁。但是，已有研究既没有从理论上分析货币升值可能导致的危机，也没有提供界定和识别这种危机情形的方法，更没有针对升值可能导致的危机而建立 EWS。

　　二是已有研究没有考虑政治因素的影响。政治压力和制度因素对考察特定时点上特定国家的货币危机问题十分重要，但是目前的 EWS 没有充分考虑到政治因素的影响。Kaminsky 等（1998）认为，对危机更为全面的评估应该考虑到这些政治因素的影响。只有如此，才能对各种事件做出逻辑一致的解释，也才能使政策决策具有坚实的理论基础。因此，一个有效的危机 EWS 应该考虑更大范围的变量。

　　从中国的现实来看，中国迫切需要建立一套危机 EWS 用于宏观经济的分析和调控。2000 年之后，中国面临的国内外政治经济环境发生了深刻的变化。人民币面临日益严重的来自国际社会和经济发展本身所导致的升值压力，并因此而不断累积着货币风险。这种升值压力和风险可能导致中国面临潜在货币危机的威胁。2009 年 1 月 28 日，温家宝总理在达沃斯世界经济论坛提出应"建立及时高效的危机早期预警系统"。然而，迄今为止，学界对中国这种特殊的货币升值情形及以此为背景建立适合中国的危机 EWS 关注不足，私人机构和政府机构也没有开发出适合中国的 EWS。在不断变化的形势下，中国的决策者需要及早发现危机征兆、预防危机发生、努力避免危机的不利影响，从而保持经济高速、持续、健康增长。因此，已有研究的不足和中国现实的需要促使我们思考货币升值可能引起的危机问题，并在借鉴已有研究的基础上，建立一套用以预测和预警中国升值型货币危机的 EWS，这构成了本书的主要目标和内容。

第二节　研究内容、方法和结论

本书从中国国情出发，首先在既有研究基础上，纳入货币升值因素，界定升值型货币危机的内涵，考察升值型货币危机的原因及其导致的结果。其次，测算人民币的升值压力，并在此基础上建立人民币升值危机的 EWS。最后，编制来自国外的要求人民币升值的政治压力指数，实证考察政治压力对人民币升值的影响，并进一步考察政治压力对预测人民币升值型货币危机的作用。本书主要研究内容如下。

一、研究内容

包括导论在内，本书共6章，各章结构安排和主要内容如下：

第一章：文献回顾。本章首先回顾两类界定和识别货币危机的经验研究方法，其次考察第二类货币危机经验识别方法涉及的外汇市场压力的定义和测算问题，最后，本章从样本、变量选择、研究方法、研究结论及预警效果等方面回顾20世纪90年代以来利用信号方法和受限因变量回归方法构建货币危机 EWS 的27篇经验研究文献。

第二章：升值型货币危机：理论与证据。本章首先利用 Krugman 等（2012）的贬值型货币危机模型考察升值型货币危机的形成原因及危机导致的后果，其次，在借鉴已有的对贬值型货币危机研究的基础上，以31个新兴市场经济体（1970—2010年）为样本考察升值型货币危机的特征和影响。研究发现，升值型货币危机在导致一国利率下跌、投资和信贷扩张的同时，还会导致出口的萎缩和进口的扩张，从而带来贸易账户和经常账户的恶化，最终导致通货膨胀的上升。

第三章：人民币升值压力和汇率制度弹性测算。本章首先利用外汇市场压力的概念，从事后定义汇率制度弹性，建立汇率制度弹性的测算公式。然后分别利用 Weymark（1997）的模型依赖方法和 Stavarek（2007）非模型依赖方法估计1994年1月至2012年10月人民币的外汇市场压力，编制人民币的汇率制度弹性指数。在这些工作的基础上，本章初步评估人民币升值压力及人民币汇率形成机制的弹性化程度，为第四章建立人民币升值型货币危机的 EWS 奠定基础。

第四章：中国升值型货币危机的 EWS。本章首先界定并识别1995年1月至2007年12月人民币升值型货币危机，然后利用 Eichengreen 等（1994、1995）

的事件研究方法考察升值型货币危机前后中国的宏观经济特征，最后在已有解释人民币升值的理论基础上，构建一个人民币升值型货币危机的 EWS。本章的研究发现，实际消费增长、银行体系的货币错配状况、国内信贷增长、银行存款的变化和财务杠杆、出口和贸易开放程度等指标对升值型危机具有极强的预警能力；短期资本流动、FDI 资金流动、实际汇率和贸易条件等指标也对升值型危机有着较高的预警能力。样本外检验表明，本章设计的 EWS 成功预测到了 2010 年 6 月的汇率形成机制的调整。

第五章：政治压力与货币危机预警。本章旨在考察两个密切相关的问题：一是来自国外的要求人民币升值的政治压力是否显著导致或促进了人民币的升值？二是来自国外的政治压力是否可以作为人民币升值型货币危机 EWS 的预警指标？为了回答这两个问题，本章编制政治压力指数，并利用时间序列 VAR 模型考察政治压力对人民币汇率的影响，在此基础上，利用 probit 模型建立升值型货币危机的 EWS。本章研究发现，政治压力确实助推了人民币升值，但是来自国外的政治压力无助于升值型货币危机的预测和预警。

二、研究方法和主要结论

（一）研究方法

本书在理论上主要利用 Krugman 等（2012）的理论模型考察升值型货币危机的成因及其影响，同时利用 Eichengreen 等（1994、1995）所提出的事件研究方法检验和印证理论模型的结论。

此外，本书还使用时间序列计量经济模型、信号方法和 probit 模型展开经验研究。第三章利用单位根检验和两阶段最小二乘法估计人民币的外汇市场压力和汇率制度弹性；第四章利用 Kaminsky 等（1998）、Kaminsky 和 Reinhart（1999）及 Kaminsky（1999）提出的信号方法构建人民币升值型货币危机的 EWS；第五章利用单位根检验、协整检验、VAR 模型和脉冲响应函数分析等时间序列计量经济方法考察政治压力对人民币升值的影响，并利用 probit 模型考察政治压力对预测人民币升值型货币危机的作用。

（二）主要结论

本书的主要结论如下：

1. 既有的关于货币危机的经验研究主要关注的是货币大幅度贬值导致的危机，这些研究不仅在变量选择上忽视了政治因素的影响，而且忽视了货币升值可能导致的危机。

2. 升值型货币危机不仅会导致一国投资和信贷的扩张，还会导致出口的萎缩、进口的扩张及贸易账户和经常账户的恶化，并导致通货膨胀的上升。来自31 个新兴市场经济体的经验证据也支持这一理论分析。

3. 首先，2007 年底、2008 年初以后，人民币长期持续的升值压力已经出现根本逆转，至 2012 年底，人民币升值压力基本消失，存在贬值的可能；其次，2005 年 7 月的人民币汇率形成机制改革在一定程度上增加了人民币汇率形成机制的弹性，改变了 1999 年以来人民币事实上的、单一的钉住美元的固定汇率制度。然而，2009—2010 年人民币汇率形成机制的弹性持续下降，直到 2010 年底弹性才重新增加。

4. 首先，经验的观察表明，中国货币升值问题是一个不同于贬值型货币危机的独特案例。其次，包括 CPI、实际产出、实际消费、净外币资产、银行存款、银行财务杠杆、储备货币、M_2/外汇储备、外汇储备、出口、贸易开放度和贸易条件等在内的指标对人民币升值型货币危机具有极强的预警能力，而银行业体系的净外币资产、资本结构（股权/总资产）及银行业稳定指数等反映银行体系运行的指标和短期资本流动对危机也具有较好的预警能力。最后，本书构建的人民币升值型货币危机 EWS 成功预测到了 2005 年 7 月的汇率形成机制改革。样本外检验也表明，这一预警系统具有良好的预警能力和效果，可以作为中国宏观经济分析和诊断的工具。

5. 首先，来自国外的政治压力，尤其是来自美国的政治压力确实显著导致了人民币的升值。但是，从影响的程度来看，政治压力对人民币汇率所产生的冲击并不严重。其次，来自外部的政治压力并不能充当预测人民币升值型货币危机的先行或预警指标。

第一章　文献回顾

20 世纪 90 年代以来，发达经济体和新兴市场经济体爆发的一系列货币危机激发了学界和决策者对货币危机问题的重新关注，并催生了第二代和第三代货币危机理论。这一系列危机促使经济学家转向了对危机早期预警系统（EWS）的研究。在实践层面上，如果事先能捕捉到危机的征兆并由此建立一套危机的 EWS 以监测一国的经济运行，那么决策者就能提前采取行动以避免危机的发生或降低危机对经济的冲击。这方面的研究引起了越来越多的重视。除了学界建立的货币危机 EWS 外，私人机构和国际性组织也建立了大量的 EWS 模型。如瑞士信贷第一波士顿、花旗银行、高盛公司、J. P. 摩根、国际货币基金组织（IMF）和国际清算银行（BIS）等都建立了自己的 EWS 模型以预测危机。

已有研究所建立的货币危机 EWS 存在哪些不足？哪些地方还值得进一步拓展和改进？建立的危机 EWS 能否有效预测危机？围绕这些问题，本章考察 20 世纪 90 年代以来有关货币危机和危机 EWS 的经验证据。第一节回顾两种货币危机的经验界定方法，考察第二种危机界定方法所涉及的外汇市场压力（Exchange Market Pressure，EMP）的测算问题；第二节从样本、变量选择、研究方法、研究结论及预警效果等方面回顾货币危机 EWS 方面的 27 篇经验研究文献，并针对已有研究存在的不足和缺陷，提出后续的研究方向。

第一节　货币危机：界定和识别

货币危机 EWS 包括对危机的界定和一套用以预测危机的机制，这说明货币危机 EWS 的研究至少涉及两个方面的问题（Edison，2003）：一是如何经验地界定和识别货币危机？二是如何设计危机 EWS，或者说如何才能设计一种机制用以预测危机？其中第一个问题至关重要。如果对危机的界定不清楚明确，那么对危机预测的准确性就会受到极大的影响，从而也就影响到危机 EWS 的预警能力。

一、货币危机的经验定义

现有文献对货币危机的定义主要分为两类：第一类定义将一国名义汇率贬值率超过某一给定的临界值视为货币危机（见表1-1）。理论上认为，名义上实行固定汇率制度或钉住汇率制度的国家出现大幅度的货币贬值就是货币危机（MacDonald，2007）[①]。因此，这个定义和理论文献中对货币危机的定义是基本吻合的，采取这类定义的代表性研究有 Frankel 和 Rose（1996）以及 Kumar 等（2003）。Frankel 和 Rose（1996）认为，对几乎所有的国家来说，在测度外汇市场干预方面，外汇储备可能是比较糟糕的噪音变量，并且由于大部分发展中国家因市场化程度比较低而难以获得长时期的短期利率数据，因此，他们将货币危机定义为名义汇率贬值率超过25%且本币贬值率的增长率不低于10%[②]。

表1-1　　　　　　　　　货币危机的经验定义（第1类定义）

代表文献	货币危机的界定方法
Moreno（1995）	贬值型危机 1. $I_1 > \mu_1 + 1.5\,\sigma_1$，且，$I_1 > 0$，或， 2. $I_2 > \mu_2 + 1.5\,\sigma_2$，且，$I_2 < 0$，或， 3. $I_3 > \mu_3 + 1.5\,\sigma_3$，且，$I_3 > 0$ 升值型危机 1. $I_1 < \mu_1 + 1.5\,\sigma_1$，且，$I_1 < 0$，或， 2. $I_2 > \mu_2 + 1.5\,\sigma_2$，且，$I_2 > 0$，或， 3. $I_3 > \mu_3 + 1.5\,\sigma_3$，且，$I_3 < 0$ 其中，$I_1 = \Delta s_t \times 100$；$I_2 = \Delta(r_t - r_t{}^*) \times 100$；$I_3 = \Delta ln\,(i_t) - \Delta ln\,(i_t{}^*)$ $\mu_i = I_i$ 的均值；$\sigma_i = I_i$ 的标准差（$i = 1,\ 2,\ 3$）[③]

---

① 这种定义只考虑了成功的投机冲击所导致的货币危机，没有考虑到一国货币当局采取捍卫措施导致投机冲击不成功的情形。因此，这种定义可能会导致样本的选择性偏差（Eichengreen 等，1995、1996）。

② Frankel 和 Rose（1996）也承认，贬值率超过25%这个临界值的选择是很武断随意的。但是他们的敏感性分析表明，选择这个具体数字影响并不大。

③ Moreno（1995）首先将满足条件1的情形选出来，视为货币危机；其次将剩余样本中满足条件2的情形也定义为货币危机；最后将剩余样本中满足条件3的情形也视为危机。剩下的样本观测值被定义为稳定时期或非危机时期。

代表文献	货币危机的界定方法
Frankel 和 Rose（1996）	$I_t \geqslant 25$ 且 $I_t - I_{t-1} \geqslant 10$
Esquivel 和 Larraín（1998）	1. $I_t > 15\%$，或 2. $I_t > 2.54\,\sigma_{It}$，且 $I_t > 4\%$
Milesi - Ferretti 和 Razin（1998）	1. Frankel 和 Rose（1996）的定义 2. $I_t \geqslant 25$；$I_t - I_{t-1} \geqslant 12$ 且 $I_{t-1} \leqslant 40$ 3. $I_t \geqslant 15$；$I_t - I_{t-1} \geqslant 10$ 且 $I_{t-1} \leqslant 10$ 4. 除 3 之外，要求一国在危机前实行的是钉住汇率制度
Glick 和 Moreno（1999）	$I_t > \mu + 2\,\sigma$
Moreno（1999）	$I_t > \mu + 2\,\sigma$
Gochoco - Bautista（2000）	同 Moreno（1995）
Kumar 等（2003）	$I_{t1} = 100 \times \left[(S_{t+\Delta} - S_t) / S_t \right] \left[(1 + i_t) / (1 + i_t^{*}) \right] > \gamma_1$，其中，$\gamma_1 = 5\%$ 或 10%。或者， $I_{t2} = 100 \times \left[(S_{t+\Delta} - S_t) / S_t \right] > \gamma_2$，且 $\left[(S_{t+\Delta} - S_t) / S_t \right] > (1 + \gamma_3) \left[(S_t - S_{t+\Delta}) / S_{t+\Delta} \right]$，其中，$\gamma_2 = 5\%$，$10\%$，$15\%$，$\gamma_3 = 100\%$

注：1. S 表示汇率的水平值（单位外币的本币价格），$s = lnS$（下同）。Δr_t 表示国际储备或国外净资产的百分比变化，即 $\Delta r_t = (R_t - R_{t-1}) / R_{t-1} \approx lnR_t - lnR_{t-1} = ln (R_t / R_{t-1})$，或者表示经过基础货币调整的国际储备的百分比变化，即 $\Delta r_t = (R_t - R_{t-1}) / B_{t-1}$（其中，$R$ 表示以本币表示的国际储备的水平值，B 表示基础货币），带上标 * 为相应的外国变量。

2. i_t 表示本国名义利率，一般取水平值。

3. 如无特别说明，表中 $I_t = \Delta s_t \times 100$，或 $I_t = (S_t - S_{t-1}) / S_{t-1} \times 100$。$\mu = I$ 的样本均值；$\sigma = I$ 的样本标准差（表中做出特别说明的除外）。在 Esquivel 和 Larraín（1998）的研究中，$I_t = \Delta RER_t \times 100$，$RER_t = $ 实际汇率。

资料来源：作者根据文献整理。

但是，一方面，现实中很多发生货币危机的国家并没有实行固定或钉住汇率制度；另一方面，由于一国货币当局可能会利用利率或外汇储备来干预外汇市场，从而击退投机攻击，因此，第一种定义在一定程度上过于狭隘了。鉴于此，众多学者提出了第二类货币危机定义方法，即利用外汇市场压力或投机压力来定义货币危机。这是目前文献中最为常见的或者说是最主流的定义方法

（见表 1 - 2）①。从这个角度定义货币危机，通常将本币贬值或外汇储备的下降都视为货币危机：当 EMP 指数超过其均值一定倍数的标准差时即可视为货币危机（见表 1 - 2），即

$$I \geqslant \mu + k\sigma \qquad (1-1)$$

式中，I 为 EMP 指数；μ 为 I 的样本均值；σ 为 I 的样本标准差；k 为系数。

经验研究中，k 常见的取值有 1.5、2.0、2.5 和 3.0。这带来两个问题：一是 k 的选择具有主观性，选择不同的 k 值可能会导致危机界定和识别的差异（Abiad，2003；Bertoli 等，2010）②。二是 k 的选择具有样本依赖性，这意味着未来的数据会影响对过去危机的界定和识别（Abiad，2003）。例如，Edison（2003）利用 1970—1995 年的数据，识别了 5 次发生在马来西亚的危机，但是当数据拓展至 1999 年时，则仅有 1 次危机被识别出来。已有的研究表明，发展中国家和新兴市场经济体对 k 的选择并不敏感（Bertoli 等，2010），并且从已有的经验证据来看，对 k 值的选择并不影响研究结论（见表 1 - 3）。

表 1 - 2 货币危机的经验定义（第 2 类定义）

代表文献	EMP 指数的编制方法	货币危机的界定
Eichengreen 等（1994）	$I_t = \Delta s_t \times 100 + 7\Delta(i_t - i_t^*) - 0.08\Delta(r_t - r_t^*) \times 100$	$I_t > \mu + 3\sigma$
Eichengreen 等（1995）	$I_t = 7.5\Delta s_t \times 100 + \Delta(i_t - i_t^*) - 5.19\Delta(r_t - r_t^*) \times 100$	$I_t > \mu + 2\sigma$
Eichengreen 等（1996）	$I_t = \alpha_1 \Delta s_t \times 100 + \alpha_2 \Delta(i_t - i_t^*) - \alpha_3 \Delta(r_t - r_t^*) \times 100$③	$I_t > \mu + 1.5\sigma$
Sachs 等（1996）	$I_t = \Delta s_t \times 100 - (\sigma_s/\sigma_r)\Delta r_t \times 100$	该指数用来测度危机程度

---

① 其实在第 1 类定义中，部分研究已经认识到了这一点，如 Moreno（1995）及 Gochoco - Bautista（2000）等。由于他们没有直接使用 EMP 方法，因此我们还是将他们归入到第 1 类经验定义的范畴。严格来说，它们应该是介于第 1 类和第 2 类经验定义之间的。

除了应用于货币危机的界定和识别外，EMP 还可以用于其他研究目的。如测算一国的实际（de facto）汇率制度或汇率制度弹性等。对货币政策制定者来说，了解 EMP 的大小，了解既定的政策工具如何能有效地化解这种压力，意义也十分重大。因此，无论对政策分析和政策制定来说，还是对理论研究而言，EMP 都具有重要意义（Klaassen 和 Jager，2011）。

② Bertoli 等（2010）发现，危机的界定是临界值 k 的减函数，但是相对发达经济体来说，新兴市场国家中危机的界定对临界值的选择更为敏感。

③ Eichengreen 等（1996）设计的权重是使三个构成要素的条件方差相等。在 Eichengreen 等（1994、1995、1996）三篇论文中，r 的具体含义有差别。在 Eichengreen 等（1994）中，r 是指换算成本币的储备/高能货币比率；在 Eichengreen 等（1996）中的 r 则是指储备/M_1 比率。

续表

代表文献	EMP 指数的编制方法	货币危机的界定
Kaminsky 等（1998）	$I_t = \Delta s_t \times 100 - (\sigma_s / \sigma_r) \Delta r_t \times 100$	$I_t > \mu + 3\sigma$
Yap（1998）	$I_t = \Delta s_t \times 100 - (\sigma_s / \sigma_r) \Delta r_t \times 100$	$I_t > \mu + 3\sigma$
Berg 和 Pattilo（1999b）	$I_t = \Delta s_t \times 100 - (\sigma_s / \sigma_r) \Delta r_t \times 100$	$I_t > \mu + 3\sigma$
Bussière 和 Mulder（1999）	$I_t = \alpha_1 RER_t \times 100 - \alpha_2 \Delta r_t \times 100$	该指数用来测度危机程度
Glick 和 Hutchison（2001）	$I_t = 1/\sigma_{RER} \Delta RER_t \times 100 - 1/\sigma_r \Delta r_t \times 100$	$I_t > \mu + 2\sigma$
Kaminsky 和 Reinhart（1999）	$I_t = \Delta s_t \times 100 - (\sigma_s / \sigma_r) \Delta r_t \times 100$	$I_t > \mu + 3\sigma$
Kaminsky（1999）	$I_t = \Delta s_t \times 100 - (\sigma_s / \sigma_r) \Delta r_t \times 100$	$I_t > \mu + 3\sigma$
Caramazza 等（2000）	$I_t = \alpha_1 \Delta s_t \times 100 - \alpha_2 \Delta r_t \times 100$	$I_t > \mu + 1.645\sigma$
Brüggemann 和 Linne（2003）	$I_t = 0.33 \Delta s_t \times 100 + 0.33 \Delta(i_t - i_t^*) - 0.33 \Delta(r_t - r_t^*) \times 100$	$I_t > \mu + 1.5\sigma$
Edison（2003）	$I_t = \Delta s_t \times 100 - (\sigma_s / \sigma_r) \Delta r_t \times 100$	$I_t > \mu + 2.5\sigma$
Alvarez – Plata 和 Schrooten（2004）	$I_t = (1/\sigma_s) \Delta s_t \times 100 - (1/\sigma_r) \Delta r_t \times 100$	$I_t > \mu + 2\sigma$
Mulder 等（2007）	$I_t = \Delta s_t \times 100 - (\sigma_s / \sigma_r) \Delta r_t \times 100$	$I_t > \mu + 3\sigma$
Peng 和 Bajona（2008）	$I_t = \Delta s_t \times 100 - (\sigma_s / \sigma_r) \Delta r_t \times 100$	$I_t > \mu + 3\sigma$

注：1. 如无特别说明，表中 I = EMP 指数；$\mu = I$ 的样本均值；$\sigma = I$ 的样本标准差；$\alpha_i (i = 1, 2, 3)$ 是 EMP 指数中各构成要素的权重[①]。

2. 部分学者采用对数方法计算汇率的百分比变化，即汇率百分比变化 = $(\ln S_t - \ln S_{t-1}) \times 100 = (\Delta \ln S_t) \times 100 = (\Delta s_t) \times 100$，部分学者直接利用百分比变化的定义来计算汇率的百分比变化 = $[(S_t - S_{t-1})/S_{t-1}] \times 100$。如果汇率变化比较大，那么这两种计算方法得到的结果是有显著差异的。但为了统一和行文简便起见，本表对这两种处理方法没有做出区分，统一表示为 $\Delta s_t \times 100$。

3. 在表中 EMP 指数计算中，对于外汇储备一项，部分学者采用的是经过基础货币调整后的储备变化，即 $\Delta r_t = (R_t - R_{t-1})/B_{t-1}$，部分学者则直接利用储备的百分比变化，还有学者用 GDP 来调整储备。本表没有做出区分。

4. 在 Bussière 和 Mulder（1999）、Glick 和 Hutchison（2001）以及 Kamin 等（2001）的研究中，RER 和 σ_{RER} 分别表示以自然对数形式表示的实际汇率及其变化的标准差。利用实际汇率而不是名义汇率构建 EMP 指数并定义货币危机可以剔除高通货膨胀的影响，实际上大部分利用名义汇率构建 EMP 指数并定义货币危机研究和大部分第 1 类危机定义都考虑了高通货膨胀这一特殊情况。

资料来源：作者根据文献整理。

在具体测度方面，第一类货币危机定义并不存在比较大的问题。但是，对

---

① 部分研究没有明确给出表达式，在 Bussière 和 Mulder（1999）的研究中，$\alpha_1 = (1/\sigma_{RER}^2)/(1/\sigma_{RER}^2 + \sigma_r^2)$；$\alpha_2 = 1 - \alpha_1$；$\sigma_s$ = 汇率变化的标准差；σ_r = 储备变化的标准差。

于第二类货币危机的定义和界定，我们就面临如何测度 EMP 的难题了。为了解决这个问题，大量经济学家做了不懈的努力，目前已经形成了两种 EMP 的测度方法：模型依赖方法（model – dependent approach）和非模型依赖方法（model – independent approach）。

表 1 – 3　　　　　　　　货币危机界定的敏感性分析

	剔除窗口	权重	临界值	对结论有无影响
Eichengreen 等（1994）	6 个月；3 个月	储备权重提高 1 倍	3；2	无
Eichengreen 等（1996）	1 个季度；2 个季度	汇率权重提高 1 倍	1.5；2	无
Frankel 和 Rose（1996）			25%；不详	无
Caramazza 等（2000）			1.645；1.96、2.28	无
Alvarez – Plata 和 Schrooten（2004）			2；2.5、3	无
Brüggemann 和 Linne（2003）	33%、33%、33%；50%、30%、20%			无

注：表中第 2 - 4 列分号前面的数字及文字表示文献最初使用的剔除窗口期、权重或临界值，分号后面的文字和数字则是敏感性分析所使用的剔除窗口期、权重或临界值。

资料来源：作者根据文献整理。

二、EMP 的定义与测度

（一）模型依赖方法

EMP 通常与官方所持有的外汇储备和名义汇率的变化联系在一起。它测度的是"给定实际实施的汇率政策所产生的预期前提下，国际市场上对某一货币的全部超额需求。若不存在外汇市场干预，这种超额需求本应是由汇率水平变化来消除的"（Weymark，1997）。在固定汇率制度下，一国中央银行面临对本币的超额需求或超额供给时，为维持事先承诺的汇率平价而被动地进行外汇市场干预；在浮动汇率制度下，中央银行理论上来说根本无须干预外汇市场，汇率完全由外汇市场上的供求力量决定，因此，本币任何的超额供给和需求都由汇率变化反映出来。但现实中既不存在完全意义上的固定汇率制度，也不存在完全意义上的浮动汇率制度，"汇率和国际储备的变化常常是相伴而生的，这一事实说明，货币当局倾向于利用中间汇率制度"（Weymark，1997）。在中间汇率制度下，本币在外汇市场上所面临的超额供给和超额需求的压力则通常通过官方储备变化和汇率水平变化的某种组合反映出来，因此，如何测度现实的汇率制度安排下一国货币的 EMP 就具有重要意义。

理论上最早提出并界定这一概念的是 Girton 和 Roper（1977）。他们建立了一个 EMP 指数，该指数是外汇储备变化率和汇率变化率之和。沿着 Girton 和 Roper（1977）的思路，Boyer（1978）以及 Roper 和 Turnovsky（1980）以资本完全流动的小国开放经济模型（small open economy，SOE）代替了简单的货币主义分析方法，拓展了 Girton 和 Roper（1977）的研究。他们的突出贡献在于设定了一个中央银行的政策反应函数，从而改进了 Girton 和 Roper（1977）的指数设计。这样，在他们的研究框架下，尽管 EMP 仍然表现为外汇储备变化和汇率水平变化的线性组合，但是，二者不再是等权重地进入该指数了。

在模型依赖的 EMP 指数方面做出突出贡献的是 Weymark（1995、1997）。Weymark 在一系列论文中修正了前人的研究缺陷，在价格粘性假设基础上建立了一个 IS – LM – AS 类型的小国开放经济模型，引入并经验地估计了 EMP 指数中的参数。该参数是一个转换因子（conversion factor），代表了 EMP 指数中汇率变化和中央银行外汇市场干预程度（由外汇储备变化来表示）的相对权重。Weymark（1997）的模型如下：

$$y_t = y^* + \alpha(p_t - E_{t-1}p_t) + v_t \tag{1-2}$$

$$p_t = ap_t^n + (1-a)p_t^{tr} \tag{1-3}$$

$$p_t^{tr} = p_t^* + s_t \tag{1-4}$$

$$i_t = i_t^* + E_t s_{t+1} - \varphi_t \tag{1-5}$$

$$m_t^d = p_t + b_1 y_t - b_2 i_t + e_t \tag{1-6}$$

$$m_t^s = m_{t-1}^s + \Delta d_t + \Delta r_t \tag{1-7}$$

$$\Delta r_t = -\rho_t \Delta s_t \tag{1-8}$$

式中，y_t、y^*、p、p_t^n、p_t^{tr}、s_t、i_t、m_t^d、m_t^s、d_t、r_t 分别为本国的实际产出、充分就业产出、一般价格水平、不可贸易品价格、可贸易品价格、名义汇率、利率、名义货币需求、名义货币供给、国内信贷和外汇储备。除利率、国内信贷和外汇储备变量外，其余变量都是以自然对数形式表示的。Δd 和 Δr 分别表示经过基础货币调整后的国内信贷和外汇储备的百分比变化；带有星号的变量表示相应的外国变量；E 是期望算子，且 $E_{t-1}x_t = E_{t-1}(x_t \mid \Omega_{t-1})$，表示根据第 t – 1 期所能获得的全部信息对第 t 期的变量 x 所形成的理性预期（Ω 是信息集）；Δ 是一阶差分算子；v_t、φ_t、e_t 都是表示随机冲击的白噪声过程。

式（1 – 2）是开放经济的总供给曲线；式（1 – 3）表明，一般价格水平是非贸易品价格和贸易品价格的线性加权平均；式（1 – 4）指出了对贸易品而言，购买力平价成立；式（1-5）为资本完全流动前提下的无抛补利率平价；式（1-6）是 Cagan 类型的标准货币需求函数；式（1-7）表明本国货币供给变化由国内信贷变化和外汇储备变化构成。

式（1-8）指出了本国中央银行的反应函数①。理论上来说 $\rho \geqslant 0$，这意味着本币面临贬值压力时，中央银行应该卖出外汇储备，回笼本币；反之，本币面临升值压力时，中央银行应该买入外汇储备，增加本币投放。在极端的情况下，如果本币面临贬值或升值压力时，中央银行任由这种压力通过外汇市场上的本币汇率变化释放出来，那么本国外汇储备变化为零，即 $\rho = 0$，此时本国实行的是浮动汇率制度；反之，如果中央银行通过外汇市场干预来全部吸收这种压力，那么有 $\rho = +\infty$，这意味着本国实行的是固定汇率制度。如果中央银行希望通过汇率变化和外汇市场干预两种渠道的组合来释放这种压力，那么意味着本国实行的是中间汇率制度，此时，$\rho \in (0, +\infty)$。但是，在实际的外汇市场操作中，中央银行有可能积极地干预外汇市场，即使在本币贬值（升值）的情况下，仍然买入（卖出）外汇储备，增加（收缩）本币投放，此时，$\rho < 0$。

利用这个模型很容易得到②，$-\partial(\Delta s_t) / \partial(\Delta r_t) = -[b_2 + (1-a)(1+\alpha b_1)]^{-1}$，这就是 Weymark（1997）所定义的用于估计 EMP 的转换因子。这样，我们就得到了模型依赖的 EMP 为

$$EMP_t = \Delta s_t + w \Delta r_t \tag{1-9}$$

式中，$w = -\partial(\Delta s_t) / \partial(\Delta r_t) = -[b_2 + (1-a)(1+\alpha b_1)]^{-1}$。

（二）非模型依赖方法

1. 指数设计

在上述研究中，EMP 指数及其估计中所涉及的基本参数都是通过模型来定义和估计的，因此，这种指数被称为模型依赖指数。尽管比较理想地界定和测度 EMP 的方法应该来自于结构主义汇率决定模型（Eichengreen 等，1994、1995、1996），但是，许多学者还是对此方法提出了严厉的批评。批评的基本理由在于，结构主义模型常常很难经验地解释和预测汇率在中短期内的表现和变化。"更新近的研究证实，在预测一年内的汇率运动时，随机游走模型要比更精

---

① 这种设定反应函数的思想，最早可能是 Boyer（1978）以及 Roper 和 Turnovsky（1980）提出的。Boyer（1978）以类似的方式定义了货币当局通过产品市场和货币市场干预汇率的反应函数；Roper 和 Turnovsky（1980）定义的货币当局的政策反应函数为 $m_t = \gamma e_t$。其中，m_t 表示货币供给（以对数形式表示）与其均衡值的离差；e_t 表示为汇率（单位本币的外币价格，以对数形式表示）与其均衡值的离差。这种思想后来得到了进一步的发展，成为开放经济货币政策研究的一种基本手段。

② 具体求解细节以及关于该模型的更多细节和拓展，参阅 Weymark（1997）。

确的模型表现更为出色"（Krugman 等，2012）①。为克服这一缺陷，许多学者，尤其是研究货币危机 EWS 的学者提出了一种新的不依赖于模型的 EMP 指数，它是利率差异、双边汇率百分比变化和外汇储备百分比变化的线性组合。即

$$EMP_t = w_1 \Delta s_t + w_2 \Delta i_t + w_3 \Delta r_t \tag{1-10}$$

式中，w_1、$w_2 > 0$，$w_3 < 0$。根据模型依赖和非模型依赖的 EMP 指数公式可知，当 $w_1 = 1$ 且 $w_2 = 0$ 时，式（1-10）就是 Weymark（1997）所定义的 EMP 指数。根据 Weymark（1997）的定义，有 $w_3 = -\partial(\Delta s_t)/\partial(\Delta r_t)$。当 $w_1 = 1, w_2 = 0$ 且 $w_3 = -1$ 时，EMP 就是 Girton 和 Roper（1977）所定义的 EMP 指数。

这种定义 EMP 的方法实际上是教科书中对汇率制度定义的一个经典运用。固定汇率制度下中央银行通过外汇市场干预来维持某一固定的汇率平价；浮动汇率制度下不存在中央银行维持固定汇率平价的承诺。在该制度下，由国际收支所引致的对外汇的供求变化完全由汇率来吸收；而在中间汇率制度下，中央银行则通过外汇市场干预和汇率变化两个渠道吸收由国际收支引致的外汇供求的变化。

中央银行的外汇市场干预可以分为直接干预和间接干预。前者指在外汇市场上进行的外汇买卖活动；后者则指中央银行在本国货币市场上进行的基准利率调节。发达经济体的中央银行通过调节利率就能影响汇率，但发展中国家和转型经济体由于不存在基准利率和资本管制等原因，这些经济体更多地通过外汇市场的直接干预来吸收由国际收支引致的外汇供求的变化。因此，在任何汇率制度安排下，一国货币因为国际收支变化引致的外汇供求变化都可以通过其汇率变化、储备变化或利率变化反映出来②。这是 EMP 的内在经济逻辑。

2. 权重等若干问题

由于 Eichengreen 等（1994、1995、1996）和 Sachs 等（1996）所创设的 EMP 指数的构成及其权重的设计都不是由结构模型推导出来的，因此，这类指数被称为非模型依赖指数。这种非模型依赖的 EMP 指数也不是完美无缺的，它

---

① "更精确的模型"指结构主义宏观经济模型。

② 在估计 EMP 指数时是否应纳入利率，利率又以何种形式进入 EMP 指数，这是经验研究中存在较大分歧的两个地方。部分学者在估计 EMP 时没有考虑利率因素，部分学者则考虑了利率因素（见表1-2）。在纳入利率因素的研究中，部分学者将国内外利差的变化或国内利率的变化，而不是利差的水平值或国内利率水平纳入指数中，Klaassen 和 Jager（2011）认为如果一国没有汇率目标，那么利率应该以水平值而不是一阶差分的形式进入指数。

面临如下两个因素的影响[①]：一是指数中各个构成部分的权重选择问题；二是如何计算汇率的百分比变化。

（1）权重设定。这里面又存在两个问题：第一，绝大部分研究都假设进入 EMP 指数的各个构成部分的权重是不变的，或者说各影响因子的权重恒为常数。但金融时间序列具有波动集群性（volatility clustering）的特征，因此，当金融时间序列是时变的（time varying）或存在结构断点（structural breaks）的情况下，不变的权重或常数权重就不能充分地平滑这种波动性（Bertoli 等，2010）。因此，采取时变的权重或许更为严谨，或者最起码的要求是，我们在设定权重之前应先考察一下 EMP 各构成要素的时间序列特征。第二，在构建和估计 EMP 指数时，为防止指数受到其中波动最为剧烈的构成因素的影响，部分研究选择使 EMP 指数的各个构成部分的条件方差相等的权重（Sachs 等，1996），部分研究则将权重设定为各影响因素标准差的倒数（Eichengreen 等，1994、1995、1996；Glick 和 Hutchison，2001）。但是，这些处理方法得到的权重可能会面临异常值的困扰。为了避免异常值的影响，一些学者在吸收 Sachs 等（1996）设定方法的基础上，改进了 EMP 指数的权重设定。如 Bussière 和 Mulder（1999）将各构成要素的权重设定为各要素的精度占所有构成要素的精度和之比[②]，Stavarek（2007）则设定为各构成要素标准差的倒数占所有构成要素标准差的倒数之和的比重[③]。显而易见，上述两个问题，即权重是否恒定不变及权重如何设定，都会影响对 EMP 指数的经验估计结果，最终影响到对货币危机的准确界定。

（2）汇率百分比变化的计算方法。在计算 EMP 指数中汇率的百分比变化时[④]，一般有两种方法：第一，根据百分比变化的定义精确计算。设某一变量 X，则其百分比变化 $X\% = 100 \times (X_t - X_{t-1}) / X_{t-1}$。第二，对数差分法。这在文献中更常见。根据该方法有，$X\% \approx 100 \times (lnX_t - lnX_{t-1}) = 100 \times (x_t - x_{t-1}) = 100 \Delta x_t$（$x$ 是 X 的自然对数，Δ 是差分算子）。对数差分法其实是计算某一变量

[①]　Bertoli 等（2010）认为，储备变量的选择和参照货币的选择（Reference Currency）也会影响 EMP 指数的估计。对发展中国家和新兴市场经济体而言，选择毛储备额还是净储备额，选择美元还是其他货币作为基准来计算汇率对 EMP 指数的估计也有重要影响。

[②]　所谓精度，即是方差的倒数（Bussière 和 Mulder，1999）。

[③]　以式（1-10）为例，构成 EMP 指数的要素有汇率（Δs）、利率（Δi）和储备（Δr），各要素标准差为 σ_s、σ_i 和 σ_r，那么各构成要素的权重为 $\dfrac{\dfrac{1}{\sigma_s}}{\dfrac{1}{\sigma_s}+\dfrac{1}{\sigma_i}+\dfrac{1}{\sigma_r}}$（$t = s$、$i$、$r$）。

[④]　储备的百分比变化也面临类似问题。

百分比变化的近似方法，只有当该变量百分比变化非常小的时候（在 0 附近），利用该方法得到的结果才与第一种直接计算方法得到的结果非常接近。不幸的是，由于频繁的制度变迁和结构变化，发展中国家和新兴市场经济体中大部分的宏观经济变量也变化剧烈，从而导致这些经济体中宏观经济变量的百分比变化并不是非常小，而是非常大，不能满足对数差分方法的计算前提①。因此，在估计发展中国家和新兴市场经济体的 EMP 指数时，应直接计算汇率的百分比变化，而不应采取对数差分的方法。

（三） 对两种 EMP 测度方法的评价

相对于仅仅利用汇率百分比变化来界定和识别货币危机的第一类方法而言，基于 EMP 的第二类危机界定和识别方法显然将研究向前推进了一大步。但在利用 EMP 指数界定货币危机的研究方面，几乎所有的经验研究文献都利用了非模型依赖的 EMP 指数来定义货币危机。虽然汇率的结构主义方法面临严厉的批评，并且如果这种批评成立的话，那么建立在结构主义模型基础上的模型依赖的 EMP 指数也会面临同样的批评。但是，我们也看到，非模型依赖的 EMP 指数也并不是完美无缺的。因此，同时运用模型依赖与非模型依赖两种方法来识别和界定货币危机可能使研究结论更为稳健。问题在于，两类 EMP 指数的经验估计结果一致吗？Stavarek（2007）认为两种估计方法的结果并不一致，且这种不一致会影响对货币危机的准确界定。但这个问题还没有引起学者的关注。这是后续研究应该关注的一个问题。

第二节　货币危机 EWS 的构建

一旦完成了对货币危机的界定和识别，接下来就需要采取一定的方法来建立货币危机 EWS②。这些方法大致分为两类：一类是受限因变量回归法；另一类是信号法（signaling）。这两类方法已经成为货币危机 EWS 研究的标准方法（Abiad，2003）。为了和 Kaminsky 等（1998）这篇重要的综述文献保持时间上的延续性，也为了便于比较本章和该文的研究结果，我们采用类似 Kaminsky 等（1998）的文献回顾方法，回顾 1994 年以来利用这两种方法研究货币危机 EWS

---

① 绝大部分研究中国问题的经验模型在处理宏观数据时都采用了对数差分法来估计这些变量的百分比变化，这显然会影响这些经验研究的结论。

② 无论采用什么方法来设计和建立货币危机 EWS，我们都必须首先找到能够有助于解释和预测货币危机发生的变量。而这些变量或指标的选择必须依赖于既有的货币危机理论。关于货币危机的理论研究可参阅 MacDonald（2007）。

问题的 27 篇经验研究文献①。

一、剔除窗口

在经验研究构建货币危机 EWS 前，对危机的界定还涉及剔除窗口（excluding window）的选择问题。窗口是指在经验地界定货币危机时，如果在某一时期内出现两次或多次危机，那么就认为第二次及后续危机都是第一次危机的延续，不应再视为一次危机。"某一时期"即是窗口期。不同的研究选择的窗口期并不相同。已有研究选择的窗口从 3 个月到 3 年不等。如 Moreno（1999）用的是 3 个月窗口期，Eichengreen 等（1996）选择 1 个季度，Eichengreen 等（1994、1995）选择 2 个季度作为窗口，Glick 和 Moreno（1999）选择 12 个月的窗口期，Glick 和 Hutchison（2001）则选择了 24 个月，而 Frankel 和 Rose（1996）以及 Milesi – Ferretti 和 Razin（1998）的研究则都选择 3 年作为窗口。这种选择当然是随意的，不过部分研究进行了稳健性检验和敏感性分析（见表 1 – 3），这些分析大都没有发现窗口期的选择对研究结论有显著影响。

二、数据及样本

表 1 – 4 总结了本章所回顾的 27 篇考察货币危机预警和决定因素的经验研究文献。表中第 1 列列出了代表性文献的作者和发表时间，第 2 列给出了研究所使用的样本期、数据的频度和覆盖的经济体范围②，第 3 列是经验研究使用的计量方法或计量模型，第 4 列与表 1 – 1 和表 1 – 2 呼应，给出了研究所使用的货币危机的经验定义方法，第 5 列是研究的主要发现和结论。

表 1 – 4 危机预测的经验研究汇总

样本		回归模型/方法	危机定义	主要研究结论
受限因变量回归法				
Eichengreen 等（1994）	22 个国家（1967—1992 年；月度）	事件研究	第 2 类定义	对欧洲货币机制（ERM）经济体来说，主要宏观经济变量在危机和非危机期间并无显著差异；对非 ERM 经济体来说，主要宏观经济变量在危机和非危机期间存在显著差异。

---

① 我们没有回顾采用其他方法的研究（如神经模糊建模和区制转换模型）及比较不同预警方法预警效果的研究。对采用这类方法建立货币危机 EWS 的经验研究的，可参见 Abiad（2003），对 1995 年之前经验研究的精彩回顾可参见 Kaminsky 等（1998）。

② 我们对各研究所使用的详细解释变量做了归纳和总结，参见附录表 A – 1。

续表

	样本	回归模型/方法	危机定义	主要研究结论
Eichengreen 等 (1995)	20 个 OECD 国家（1959—1993 年；季度）	事件研究；logit 模型	第 2 类定义	不存在预测投机攻击的早期预警信号
Moreno (1995)	亚洲太平洋盆地经济体（1980—1994 年；月度）	非参数检验	第 1 类定义	较高的预算赤字和中央银行国内信贷的扩张似乎与贬值型危机有关联，但与升值危机或平静时期似乎并无关联。
Eichengreen 等 (1996)	同 Eichengreen 等 (1995)	probit 模型	第 2 类定义	危机具有传染性。相对于具有类似宏观经济结构的经济体而言，危机更易传染到具有紧密国际贸易联系的经济体。
Frankel 和 Rose (1996)	105 个发展中国家（1971—1992 年；年度）	事件研究；probit 模型	第 1 类定义	产出增长较低、国内信贷增长较快、国外利率较高或 FDI/债务较低时，较易招致危机。
Sachs 等 (1996)	20 个新兴市场国家（1985—1995 年；月度和年度）	OLS 回归	第 2 类定义	较高的 M_2/储备比率、初始的高实际汇率、大幅度扩张的银行贷款能解释 70% 的危机指数变化。
Esquivel 和 Larraín (1998)	30 个国家（1975—1996 年；年度）	probit 模型	第 1 类定义	高铸币税、经常账户失衡、实际汇率失调、低外汇储备、不利的贸易条件冲击、增长表现较差及地区传染等都有助于解释货币危机。经验证据支持第一代和第二代货币危机理论。
Milesi - Ferretti 和 Razin (1998)	105 个低收入和中等收入国家	事件研究；probit 模型	第 1 类定义	储备较低、实际汇率升值或面临不利的外部条件时，货币危机更可能发生。
Berg 和 Pattilo (1999b)	5 个工业化国家、15 个发展中国家（1970—1995 年；月度）	probit 模型	第 2 类定义	信号法和 probit 模型能预测危机，后者的预测能力好于前者

续表

	样本	回归模型/方法	危机定义	主要研究结论
Bussière 和 Mulder (1999)	22 个新兴市场国家 (1994 年 11 月至 1997 年 5 月；月度)	OLS 回归	第 2 类定义	纳入政治变量能增强解释和预测经济危机的能力
Glick 和 Hutchison (2001)	90 个工业化国家和发展中国 (1975—1997 年；年度)	probit 模型	第 2 类定义	新兴市场经济体中的银行危机是货币危机的先行指标，反之不成立。
Glick 和 Moreno (1999)	东亚和拉丁美洲国家 (1972 年 1 月至 1997 年 10 月；月度)	事件研究；probit 模型	第 1 类定义	货币、信贷及贸易和竞争能力等变量可能有助于发送货币危机的信号；实际汇率升值似乎更能预测东亚危机，而外汇储备损失似乎更能预测拉丁美洲的危机。
Moreno (1999)	东亚 6 个国家 (1972 年 1 月至 1997 年 10 月；月度)	logit 模型	第 1 类定义	M_2 乘数和 M_2/外汇储备的迅速提高、储备货币对趋势值的正偏离及储备货币和外汇储备的降低都有助于预测 1996 年中期之前的危机；但部分指标不能预测 1997 年的危机
Caramazza 等 (2000)	61 个新兴市场和工业化国家 (1990 至 1998 年数据)	probit 模型	第 2 类定义	金融联系和脆弱性对解释危机传播有显著作用，但汇率制度和资本管制似乎并不重要。
Gochoco - Bautista (2000)	菲律宾 (1980 至 1997 年；月度)	事件研究；probit 模型	第 1 类定义	经济基本面有助于危机预测：短期利差的变化、毛外汇储备的变化及实际汇率的变化始终对危机预测有显著的解释能力。
Brüggemann 和 Linne (2003)	9 个国家 (1996 年 1 月至 2001 年 12 月；月度)	修正的 logit 模型	第 2 类定义	只需少量的宏观经济变量就能解释货币危机，这些变量包括经常账户余额/GDP、预算赤字/GDP、外汇储备增长、实际汇率相对于趋势值的偏离和出口增长等。

续表

	样本	回归模型/方法	危机定义	主要研究结论
Kumar 等 (2003)	32 个发展中国家（1985 年 1 月至 1999 年 10 月；月度）	logit 模型	第 1 类定义	储备和出口的下降以及实体经济的脆弱性是货币或危机最重要的解释变量；传染在解释危机方面也有重要作用。
Mulder 等 (2007)	19 个新兴市场国家（1991 年 12 月至 2001 年 3 月；月度）	probit 模型	第 2 类定义	公司、银行和宏观部门的资产负债表结构变量以及公司治理和法律制度等有助于危机预警。
信号法				
Kaminsky 等 (1998)	5 个工业化国家、15 个发展中国家（1970—1995 年；月度）	信号法	第 2 类定义	出口、实际汇率对趋势值的偏离、广义货币/毛外汇储备、产出和股票价格在危机预警上表现最佳。
Yap（1998）	菲律宾（1981 年 1 月至 1997 年 12 月；月度）	信号法	第 2 类定义	信号法有助于预测危机，但也存在诸多需修正的地方。
Berg 和 Pattilo (1999b)	5 个工业化国家、15 个发展中国家（1970—1995 年；月度）	信号法	第 2 类定义	同前。
Kaminsky (1999)	5 个工业化国家、15 个发展中国家（1970—1995 年；月度）	信号法	第 2 类定义	经济脆弱性是货币危机和金融危机的根源。
Kaminsky 和 Reinhart (1999)	5 个工业化国家、15 个发展中国家（1970—1995 年；月度）	信号法	第 2 类定义	银行业危机常先于货币危机，但货币危机又加深了银行业危机，二者形成了恶性循环。
Moreno（1999）	同前	信号法	第 1 类定义	同前。

续表

	样本	回归模型/方法	危机定义	主要研究结论
Edison（2003）	在 Kaminsky 等（1998）基础上增加 8 个新兴市场经济体和 7 个指标	信号法	第 2 类定义	应将 EWS 视为一个有用的诊断工具。
Alvarez – Plata 和 Schrooten（2004）	阿根廷（1992 年 1 月至 2002 年 1 月；月度）	信号法	第 2 类定义	信号法难以预测阿根廷货币危机。
Peng 和 Bajona（2008）	中国（1991 年 1 月至 2004 年 12 月；月度）	信号法	第 2 类定义	预测到了 1994 年的汇率调整，但预测的 1998 年 8 月至 1999 年 5 月的危机实际上并没有发生。

资料来源：作者根据文献整理。

从表 1 – 4 来看，经验研究的样本覆盖全球 141 个国家（地区），既包括工业化经济体也包括发展中国家和新兴市场经济体。绝大部分经验研究考察的是新兴市场经济和发展中国家的危机问题（见表 1 – 5）。经验研究涉及的样本跨度长达 45 年（1959—2004），且绝大部分研究采用的是月度或季度数据（20 篇），使用年度数据的研究较为少见。4 篇文献考察了某一国或某一经济体的 EWS（Gochoco – Bautista，2000；Alvarez – Plata 和 Schrooten，2004；Peng 和 Bajona，2008；Yap，2008），其余 21 篇文献都采用了跨国数据。使用跨国数据进行研究存在一个明显的弊端是，他国的情况未必适用于本国，但这些跨国研究能为某一国 EWS 的构建提供变量选择等方面的借鉴和指导。最后，表 1 – 2 和表 1 – 4 表明，采用第 2 类危机界定方法的文献有 18 篇，约占全部研究文献的 67%。

表 1 – 5　　　　　　　　　　经验研究覆盖的经济体

国家或地区	被研究次数	国家或地区	被研究次数	国家或地区	被研究次数
保加利亚	1	伊朗	2	中国香港	4
冈比亚	1	乍得	2	牙买加	4
捷克	1	中非	2	尼日利亚	5
科威特	1	伯利兹	3	埃及	5
卢森堡	1	博茨瓦纳	3	比利时	5
莫桑比克	1	布隆迪	3	肯尼亚	5

续表

国家或地区	被研究次数	国家或地区	被研究次数	国家或地区	被研究次数
塞浦路斯	1	赤道几内亚	3	日本	5
斯洛伐克	1	埃塞俄比亚	3	瑞士	5
巴巴多斯	2	斐济	3	意大利	5
贝宁	2	格林纳达	3	英国	5
布基纳法索	2	危地马拉	3	中国	5
佛得角	2	几内亚比绍	3	爱尔兰	6
科摩罗	2	马拉维	3	厄瓜多尔	6
科特迪瓦	2	马里	3	摩洛哥	6
吉布提	2	缅甸	3	希腊	6
几内亚	2	塞拉利昂	3	约旦	6
莱索托	2	斯威士兰	3	津巴布韦	7
毛里塔尼亚	2	特立尼达和多巴哥	3	南非	7
尼日尔	2	艾尔萨尔瓦多	3	匈牙利	7
阿曼	2	巴拿马	3	以色列	7
巴布亚新几内亚	2	波兰	3	巴基斯坦	8
圣多美与普林西比	2	德国	3	斯里兰卡	8
塞内加尔	2	多米尼加	3	新加坡	8
塞舌尔	2	圭亚那	3	玻利维亚	9
索马里	2	海地	3	印度	9
圣文森特和格林纳丁斯	2	洪都拉斯	3	葡萄牙	10
瓦努阿图	2	加纳	3	乌拉圭	10
西萨摩亚	2	喀麦隆	3	丹麦	11
南斯拉夫（已解体）	2	老挝	3	芬兰	11
扎伊尔［现称刚果（金）］	2	马达加斯加	3	挪威	11
阿尔及利亚	2	马耳他	3	瑞典	11
巴拉圭	2	毛里求斯	3	西班牙	11
冰岛	2	尼泊尔	3	韩国	13

续表

国家或地区	被研究次数	国家或地区	被研究次数	国家或地区	被研究次数
不丹	2	尼加拉瓜	3	荷兰	14
多哥	2	中国台湾	3	土耳其	14
俄罗斯	2	乌干达	3	巴西	15
刚果	2	新西兰	3	哥伦比亚	15
加蓬	2	叙利亚	3	秘鲁	15
黎巴嫩	2	赞比亚	3	墨西哥	15
利比里亚	2	孟加拉	4	委内瑞拉	15
卢旺达	2	突尼斯	4	智利	15
马尔代夫	2	奥地利	4	阿根廷	16
美国	2	澳大利亚	4	泰国	16
苏丹	2	法国	4	马来西亚	17
所罗门群岛	2	哥斯达黎加	4	印度尼西亚	17
坦桑尼亚	2	加拿大	4	菲律宾	19
也门	2	罗马尼亚	4		

资料来源：作者根据文献整理。

三、变量和指标选择

借鉴 Kaminsky 等（1998）的方法，我们将 27 篇经验研究所使用的解释变量和指标分为 8 类（见表 1－6），包括实体经济变量、金融系统变量、私人部门、公共部门（含货币当局）、国际收支与国外变量、债务变量、政治和制度变量、虚拟变量①。

---

① 应指出的是：与 Kaminsky 等（1998）的分类一样，我们的分类也没有太大的科学性，很多指标可能同时归属不同的类别，很难做出严格区分；很多指标具有不同的测算方法，例如，对于国内信贷指标，部分研究使用水平值，部分研究使用增长率，还有研究则利用一些尺度因子将国内信贷指标标准化。我们对此均不加区分。

表 1-6   货币危机经验研究变量和指标集

变量类型	变量名称	选择该变量的 文献数量	统计上显著的 结果数量
实体经济变量 （10）	产出增长	19	8
	通货膨胀率	7	3
	商品价格	1	0
	失业率	2	0
	就业	2	2
	工资率	1	0
	实际消费增长	1	0
	储蓄	1	0
	投资	2	0
	增量资本产出率（ICOR）	1	0
金融系统变量 （17）	短期利率	2	0
	长期利率	1	0
	存款利率	3	2
	名义利率	1	0
	实际利率	6	3
	国内信贷	18	9
	实际储蓄存款率	1	0
	银行存款	10	1
	股价指数	8	4
	股价指数标准差	1	0
	股票交易量	1	0
	存贷比	8	0
	金融部门债务结构	1	1
	金融部门财务杠杆	1	1
	金融部门流动性指标	1	0
	金融部门盈利性指标	1	0
	与第一危机国股价相关性	1	0
私人部门（6）	私人部门信贷	4	1
	公司部门债务结构	1	1
	公司部门财务杠杆	1	1
	公司部门流动性指标	1	0
	公司部门盈利性指标	1	0
	企业经营环境综合指标	1	0

续表

变量类型	变量名称	选择该变量的文献数量	统计上显著的结果数量
公共部门（含货币当局，10）	财政状况	9	5
	政府开支	1	0
	政府消费	1	0
	储备货币	3	3
	M_1	10	6
	M_2	8	2
	M_2乘数	13	7
	对公共部门的国内信贷	2	0
	公共债务	2	0
	国内公共债务	1	0
国际收支与外国变量（18）	货币/外汇储备	14	10
	出口	19	9
	进口	11	0
	外汇储备	19	12
	实际汇率	23	16
	国内外利差	9	3
	国外产出增长	3	2
	国外利率	4	2
	经常账户余额	11	7
	贸易开放度	4	0
	贸易条件	8	4
	贸易余额/出口	1	0
	外部官方转移/GDP	1	0
	资本流动	6	1
	全球流动性指标	1	0
	石油价格	1	0
	资本账户自由化	4	2
	国内外金融自由化	1	0

续表

变量类型	变量名称	选择该变量的文献数量	统计上显著的结果数量
债务变量 (12)	FDI/外债总额	1	1
	FDI/未清偿债务	1	0
	债务总额/GNP	1	0
	短期债务	6	3
	外债	3	0
	官方债务	1	0
	公共债务	3	0
	私人部门债务	2	1
	优惠贷款	2	0
	多边债务/债务总额	1	0
	本币计值债务比例	1	0
	普通债权人	1	0
政治和制度变量 (3)	政府选举获胜或失败概率	3	1
	选举时间	1	1
	公司治理、制度和法律	1	1
虚拟变量 (7)	地区虚拟变量	2	0
	汇率制度	2	0
	各国危机	1	0
	银行危机	3	2
	传染	4	2
	是否具有 IMF 项目等	1	0
	信用评级	1	0

注：1. 本表对变量的分类并不严格，不同研究者的分类也不同，如 Kaminsky 等（1998）分为 7 类指标，Abiad（2003）分为 3 类指标。

2. 很多变量具体衡量手段或方法因研究的不同而不同，本表只给出了统一名称。如银行存款，有些研究采用银行存款/M_2，有些采用银行存款/M_2 的增长率，本表忽略这些差异。还有些变量具有类似的含义或相反的含义，如资本管制与资本账户自由化等，我们不加区分，并以其中一种名称列出。

3. 统计上显著的数量既包括在受限因变量回归模型中统计上显著的结果（并且在稳健性检验中也必须显著），也包括信号法中噪音信号比小于 1 的结果。

资料来源：作者根据文献整理。

通过归纳总结经验研究文献，总共得到 83 个指标。在这些指标或变量中，哪些对危机具有较强的解释能力呢？本章根据两个标准遴选解释能力较强的指标①。一是统计上的显著性。凡是在回归方程中，统计上显著的指标就作为较强解释能力、对危机具有预测作用的指标保留下来。如果采用回归方法的经验研究同时进行了稳健性检验，那么，该指标统计上的显著性还必须通过稳健性检验。如果在基准模型中具有统计的显著性，但是在稳健性检验中这种显著性不存在的话，那么我们认为该指标就不具备较强的解释能力。二是噪音信号比（Noise－to－signal）小于1。在利用信号法或指标法的研究中，凡是噪音信号比小于1的指标都被认为是对危机具有较强解释能力的指标。

表1－6报告了我们的遴选结果。表中第1列列出了变量的类型，第2列给出了属于每一类型的变量名称，第3列报告了选择某一变量的文献数量，第4列报告了选择某一变量且发现某一变量具有较强解释能力的文献数量。由表1－6可见，产出增长、国内信贷、银行存款、M_1、M_2乘数、货币/外汇储备、出口、进口、外汇储备、实际汇率、经常账户余额等11个指标的关注程度最高，都有10篇或10篇以上文献选择了这些指标作为解释变量。其中，仅进口这一指标在统计上对危机没有较强的解释能力。总体来看，考虑债务变量、政治和制度变量以及虚拟变量的文献非常少，并且这些变量似乎也没有较强的解释或预测危机的能力（只有短期债务、银行危机和传染三个指标具有一定的解释能力）。

根据表1－6，我们可以得到如下结论：

1. 与Kaminsky等（1998）的建议和结论一致。在构建EWS时，我们应考虑更广泛的宏观经济变量，包括实体经济变量、金融系统变量、公共部门和国际收支等。

2. 政治和制度变量、大部分的金融变量及债务变量对危机不具备解释能力。例如，银行存款、存贷款利差、M_2及国内外利差等指标对危机并没有解释能力。这一点，尤其是国内外利差对危机没有解释能力是令人疑惑的，Kaminsky等（1998）也得出了同样的结论。这可能构成对早期货币危机理论研究（第一代和第二代危机理论）的挑战。

3. 对危机具有较强解释能力。因此在建立危机EWS时应着重关注的变量包括国内信贷、货币/外汇储备、出口、外汇储备和实际汇率、M_1、M_2乘数以及经常账户余额等指标。这一结论比Kaminsky等（1998）的研究多出了M_2乘数指标，但少了通货膨胀和对公共部门信贷2个指标（见表1－7）。对于通货膨胀指

---

① Kaminsky等（1998）没有考虑那些专门考察单一经济体的经验研究，而本书则纳入了这些研究。这类文献数量较少（4篇），因此，对结论和结论的可比性影响不大。

标，我们发现选择该变量的文献有7篇，但仅有3篇是统计上显著的，似乎也具有一定的解释能力。但对于对公共部门信贷这一指标，我们发现仅有2篇文献考虑了该指标，且统计上也不显著。对于货币乘数指标，我们发现不仅考虑该指标的研究数量多了，而且统计上显著的研究数量也多于Kaminsky等（1998）。

表1-7 本书与 Kaminsky 等（1998）结论的主要差异

指标名称	选择该指标的文献数量		统计上显著的数量	
	本书	Kaminsky 等（1998）	本书	Kaminsky 等（1998）
货币/外汇储备	14	3	10	3
出口	19	3	9	2
M_2乘数	13	1	7	1
通货膨胀	7	5	3	5
对公共部门信贷	2	3	0	3
股价指数	8	1	4	1

资料来源：Kaminsky 等（1998）以及作者根据文献整理。

四、研究方法和结论

（一）研究方法

表1-4列出的研究货币危机的文献主要使用了三种方法：

一是事件研究法。该方法最早由 Eichengreen 等（1994、1995）引入到对货币危机的研究中，主要通过比较一系列宏观经济变量在危机前和危机后或者在危机期间与没有发生危机的平静期（tranquil period）的差异来寻找关于货币危机的特征事实（stylized facts）。这种研究方法有助于研究者理解货币危机的表现、形成机理及其所导致的后果，从而有助于在构建货币危机 EWS 时选择恰当的变量，但这个方法本身不能用来构建货币危机的 EWS，构建货币危机 EWS 则要依赖下述两种研究方法。

二是受限因变量回归方法。这种方法旨在估计超前一步或 k 步（one - step or k - step ahead probability）的贬值概率。尽管各个文献使用的解释变量可能不同，但是它们使用的计量方法都是基本相同的（Kaminsky 等，1998；Lin 等，2008），主要利用 logit 和 probit 模型来估计这个概率，并且 probit 模型在研究中使用得更为广泛。在利用回归方法研究货币危机的18篇文献中，有10篇文献采用了这个方法。

三是信号法。Kaminsky 等（1998）、Kaminsky（1999）以及 Kaminsky 和 Reinhart（1999）最早提出了构建货币危机 EWS 的信号方法。在这种非参数方法下，EWS 首先涉及对所选择的一系列宏观经济和金融指标的监测。一旦某个指标偏离其"正常"水平达到了特定的临界值时[①]，就可以视为在特定危机窗口中发出了可能发生危机的预警信号[②]。

受限因变量回归法能把危机发生概率方面的信息囊括在贬值概率这一个数字中，并且由于它同时考虑了所有的变量，因此能揭示隐含在变量中的信息（Kaminsky 等，1998）。但是，这种方法的缺点在于：第一，这个方法不能根据各个指标准确预测危机的能力对各指标进行排序，也不能避免发送错误的信号；第二，该方法不能明确地告诉我们，宏观经济问题出在哪里，它是如何扩散和传染的（Kaminsky 等，1998）。这些缺陷使决策者难以监管并提前采取行动。

Kaminsky 等（1998）认为，信号方法能计算各个指标的表现，因此能告诉我们在危机发生概率的背后问题出在哪里，问题有多严重。并且，根据不同指标发出的信号，该方法也能估计危机发生的概率。因此他们认为，信号法可能更适合作为 EWS 设计的基础。但是，信号方法存在的缺陷也不容小视：第一，信号方法是样本依赖的（sample dependent）。相关指标的选择、临界值的确定等都取决于基础数据样本（base data sample）。因此，在样本中加入新的国家或经济体或者将样本期拉长，都可能导致某些危机情形的出现或消失。第二，信号方法难以揭示其预测与政府及其他经济人行为之间的内生性。即该方法假设某些特定的指标能在危机之前系统地揭示其异常行为，但是，该方法不能将政府和其他经济行为人对此类信息的反应纳入到模型中。第三，信号方法淡化了各国特定的制度，而这种制度在决定一国应对这些指标的异常行为时是非常重要的。第四，信号法虽能给出用于危机预测的每一个变量的贡献，但该方法没有

---

① 在信号法中，临界值的选择是一个关键问题。Kaminsky 等（1998）的做法是，在发送错误信号的风险与错失发送危机信号的风险两者之间寻找一个折中或权衡，在此基础上选择临界值。对于每一个指标，Kaminsky 等（1998）采取如下程序来获得最优的临界值。首先，他们利用每个指标观测值分布的百分位（percentile）来定义临界值。例如，对于进口增长率，可能设定该指标样本观测值的 10%（即 10% 的观测值都在该临界值之上）作为临界值，然后，放宽 10% 这个人为设定的百分位到 20%，重复设定临界值，最后选择一个最优的临界值。这个选定的最优临界值能最小化噪音信号比，即错误信号与好的信号的比率。具体讨论见 Kaminsky 等（1998）或本书第四章。

② 在 Kaminsky 等（1998）的研究中，信号是有"好""坏"之分的。如果一个信号发出后的 24 个月内发生了危机，那么它就是好信号（good signal），如果一个信号发出后的 24 个月内没有发生危机，那么该信号就是一个错误信号（false signal）或者说是一个噪音。

考虑到指标之间的高度相关性，因此不能提供一个统计检验的框架，并且该方法还存在错误分类问题的困扰，这种错误分类问题可能导致有偏的分析结论（Lin 等，2008）。

（二）基本结论

早期的几篇基于回归法和事件法的研究认为，主要的宏观经济变量在危机和非危机期间似乎并没有表现出显著的差异，因此，不存在预测货币危机的早期预警信号（Eichengreen 等，1995）。利用信号法构建国别货币危机 EWS 的研究也认为，信号法还不能有效预测货币危机（Alvarez - Plata，2004；Yap，1998），还存在进一步修改的余地。但是，除此之外的大部分研究都认为，宏观经济基本面的变化是有助于危机预测的（见表1－4）。在危机是否具有传染性的研究方面，仅有 4 篇文献涉及了这一问题，且结论也喜忧参半。但是，经验证据至少表明，危机在一定程度上是具有传染性的（Eichengreen 等，1996；Esquivel 和 Larraín，1998）。因此，总体而言，经验证据支持了第一代和第二代货币危机理论。

五、预警效果

上述讨论的利用受限因变量回归方法和信号方法建立的两种 EWS 能否成功地预测危机？很多研究认为它们在一定程度上能预测危机，可起到一定的预警作用。例如，Edison（2003）考察了信号法的预警能力，发现它确实能预测到1997—1998 年的部分危机。Berg 和 Pattillo（1999b）指出，货币危机在一定程度上确实是可以预测的，他们利用信号法构建的 EWS 确实能准确地预测其样本中的大部分危机。

一些研究还比较了不同预警方法的预警效果。Berg 和 Pattillo（1999a）考察了信号法、Frankel 和 Rose（1996）的 probit 模型回归法及 Sachs 等（1996）的回归方法在货币危机预测方面的效果。他们发现，信号法在危机预测方面取得了一定的成功。但是，他们认为这种成功不应被扩大，因为这种方法不能解释大部分实际产出的波动。Berg 等（2004）比较了信号法、IMF 发展中国家研究部（DCSD）开发的 EWS 和两家私人机构开发的 EWS（高盛公司和瑞士信贷第一波士顿）的预警效果，也发现信号法更胜一筹。因此总体而言，既有研究表明，利用信号法建立的 EWS 确实具有危机的预警能力和效果，但是这种预警能力不应被夸大，而应视为一种有用的宏观经济的诊断工具（Edison，2003）。

本章小结

本章从货币危机的经验界定和识别出发，详细讨论了现有货币危机的界定方法及其存在的问题，并借鉴 Kaminsky 等（1998）的方法回顾了 1994 年以来货币危机预警的经验研究成果。本章发现，经济基本面的变化是有助于危机预测和预警的，绝大部分研究认为我们是能构建货币危机 EWS 并利用这一技术发出危机的预警信号的。但是，既有研究还存在如下问题有待修正和完善。

一是变量选择的拓展。在指标选择上，后续研究应尽可能地包括企业部门、银行部门和公共部门的资产负债表的结构数据。首先，经验证据表明，企业部门的资产负债表结构数据确实有助于危机预测（见表 1 - 6）。其次，银行危机不仅是汇率稳定的一个重要障碍，而且会放大货币危机的影响。既有的一些经验证据表明，银行危机可能领先于货币危机，因此，银行危机可以作为货币危机的先行指标（Kaminsky 和 Reinhart，1999；Glick 和 Hutchison，2001）。但既有研究不仅极大程度上忽略了银行资产负债表数据，更忽略了银行业货币错配对构建 EWS 的影响。最后，1997 年亚洲金融危机及随后爆发的一系列新兴市场货币危机表明，银行部门、企业部门和公共部门的资产负债表错配（balance sheet mismatches）而不是第一代危机模型所强调的财政失衡或第二代危机模型所强调的预期的自我实现特征是危机的主要引发因素（Lima 等，2006）。但是，到目前为止，经验研究并没有考虑到这些重大因素的影响，这可能是很多 EWS 预警效果欠佳的重要原因。

二是升值型危机。如果货币大幅度贬值，或一国外汇储备大幅度减少被视为货币危机，那么为什么货币大幅度升值或外汇储备的大幅度增长就不被视为危机？实际上，升值型危机在现实中并不罕见。Moreno（1995）就发现 1980—1994 年泛太平洋地区的国家出现过 54 次升值型危机情形；Gochoco - Bautista（2000）利用 Moreno（1995）的研究方法也注意到了 11 次升值型危机；国内学者余维彬（2009）的实证研究也证实了升值危机的存在。但是，到目前为止，绝大部分 EWS 的研究及货币危机的理论和经验研究所关注的主要是贬值型危机，对货币升值可能导致的危机视而不见[①]，甚至对这种危机的典型特征的概括和总结也近乎空白。

---

① 本书将货币贬值的情形称为贬值型危机，而货币升值的情形称为升值型货币危机。

三是中国货币危机 EWS 的研究。Duan 和 Bajona（2008）利用信号方法考察了中国发生货币危机的概率。他们正确地预测了 1994 年的汇率调整。但是，一方面他们选择的变量并没有涉及中国银行业部门和公共部门的货币错配及资产负债表等变量，另一方面他们的研究没有注意到 2005 年后中国货币面临的升值问题。因此，纳入更多的企业部门、银行部门和公共部门的资产负债表结构变量，研究和构建升值型货币危机 EWS 就构成了本书的主要任务。

第二章　升值型货币危机：理论与证据

第一章的文献回顾告诉我们，既有关于货币危机的研究主要关注的是货币贬值的情形，我们由此提出的一个问题是：升值型危机是如何产生的？它有什么特征？学界目前还没有充分注意到这些理论问题。我们目前仅见的是 Krugman 等（2012）的相关论述。在考察了贬值型货币危机之后，Krugman 等（2012）指出："对未来贬值的预期会引起国际收支危机，危机表现为储备的急剧减少、本国利率高于世界利率水平；类似地，对未来货币升值的预期将导致本国利率低于世界利率水平，同时外汇储备大幅度增加。"在 Krugman 等（2012）看来，升值型危机也同样存在，并且这种危机常常会导致一国储备的大幅度扩张和利率水平的下降。但是，对这种升值型危机，他们没有给出更多的描述和分析。因此，要研究升值型货币危机，必先做一番理论上的分析和考察。

本章首先在 Krugman 等（2012）的框架下考察升值型货币危机的特征，然后借鉴已有的对贬值型货币危机的研究，以 31 个新兴市场经济体为样本考察升值型货币危机的特征和影响，以印证理论的分析和预测。

第一节　升值型货币危机的理论分析

本节利用 Krugman 等（2012）的理论框架初步分析升值型货币危机的成因及其影响，为后文的研究奠定理论基础。

一、理论框架

Krugman 等（2012）的理论框架由本国的产品市场均衡、货币市场均衡和外汇市场均衡构成，且假设本国是小国，实行固定汇率制度。在本国货币市场上，实际货币需求正向地取决于实际收入，但负向地取决于名义利率。而名义货币供给在固定汇率制度下则成为内生变量。本国外汇市场的均衡由利率平价

条件给出，即预期的汇率变化等于国内外利差。该模型用公式可表示为

$$\frac{M^d}{P} = f(Y,i) = \frac{M^s}{P} \qquad (2-1)$$

$$i = i^* + \frac{S^e - S}{S} \qquad (2-2)$$

式中，$\frac{M^d}{P}$ 和 $\frac{M^s}{P}$ 分别为实际货币需求和实际货币供给；P 为价格水平；i 和 i^* 分别为国内外利率；S 为名义汇率（单位外币的本币价格）；S^e 为预期的汇率水平。如果本国实行固定汇率制度且市场的交易者相信政府能捍卫固定汇率制度，那么预期的汇率变化为零，式（2-2）就变为

$$i = i^* \qquad (2-2')$$

产品市场似乎没有出现在这个模型中，这是有原因的。在 Krugman 等（2012）的理论框架中，在实际产出等于对国内产出的总需求时产品市场实现均衡。假设对国内产出的总需求取决于实际汇率、可支配收入、投资及政府开支等，即有：

$$Y^d = D\left(\frac{SP^*}{P}, Y - T\right) = Y \qquad (2-3)$$

式中，Y^d 为对国内产出的总需求；$\frac{SP^*}{P}$ 为实际汇率；T 为政府税收；$Y - T$ 为可支配收入。在 Krugman 等（2012）的模型框架中，投资和政府开支被假设为外生的，因此我们没有在式（2-3）中给出这两个影响因素。

下面分析产品市场缺位的原因。在固定汇率制度下，假设政府事先宣称一个汇率平价 S_0，并且如果政府能捍卫这一平价的话，那么一国的实际汇率也就不会变动，此时产品市场均衡条件式（2-3）就意味着仅仅由产品市场即可决定内生的产出水平。因此，在 Krugman 等（2012）的模型框架下，我们可以善意地忽视产品市场①，这不会影响我们的研究结论。

二、升值型危机的理论分析

在 Krugman 等（2012）的分析中，上述模型可以用图 2-1 方便地表示出来。图 2-1 的上半部分给出了外汇市场的均衡，下半部分表示本国货币市场均衡。上半部分纵轴表示名义汇率，下半部分纵轴表示本国的货币供给水平，横轴表示投资的预期收益或利率水平。

---

① 但是，如果一国实行的是浮动汇率制度，那么我们就不能忽视产品市场的均衡。

假设经济开始位于点 1 和 1′所对应的均衡位置。政府开始宣称的汇率平价为 S_0。假设开始时外汇市场没有面临投机压力，市场交易者相信政府能维持其宣称的汇率平价，那么，外汇市场的均衡意味着本国利率等于国外利率，由此决定了内生的货币供给水平为 M^1[①]。

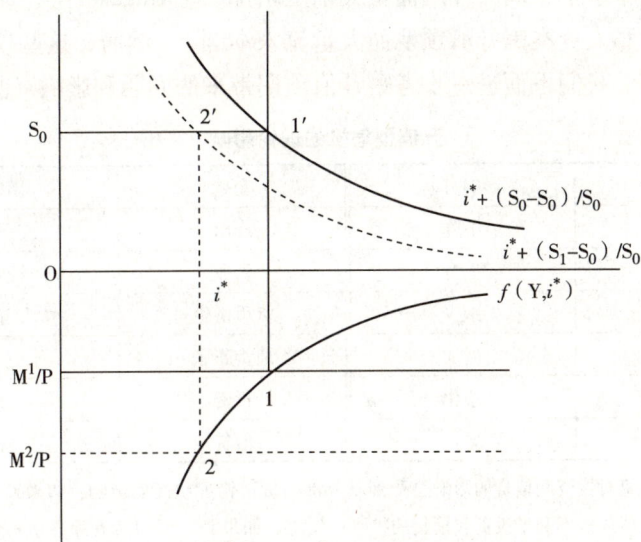

图 2-1　升值型货币危机

假设因为某种原因，比如本国持续的贸易顺差或经常账户顺差改变了市场交易者的预期，以至于市场预期本国货币将升值，政府会选择一个新的低于 S_0 的固定汇率 S_1[②]。图 2-1 上半部分显示了这一变化的影响。此时，由于市场预期本币升值，以本币计量的投资于国外资产的预期收益（$i^* + \dfrac{S_1 - S_0}{S_0}$）低于初始的预期收益（$i^* + \dfrac{S_0 - S_0}{S_0} = i^* = i$），外汇市场的均衡要求本国利率下降至这一新的预期收益水平，否则外汇市场上本币将会升值。

但是，由于本国利率并未发生变化，这意味着本币资产的预期收益高于外币资产的预期收益，这导致外汇市场上对本币资产需求的增加，为了保持事先宣称的汇率平价，中央银行将被动买入外币资产、出售国内资产，从而导致本

---

① 产品市场的均衡已经决定了内生的产出水平，且影响货币需求的利率水平由国外利率决定，这就决定了货币需求，因此短期内货币市场的均衡就决定了内生的货币供给水平。

② 在本书给出的标价方法下，汇率水平数值的下降表示本币升值。

币资产的被动扩张。这一操作的结果是货币供给从初始的 M^1/P 增加至 M^2/P，本国利率下降至 $i^* + \dfrac{S_1 - S_0}{S_0}$，低于世界利率（$i^*$），外汇市场也恢复均衡。

综合上述分析，我们的结论是："对未来本币升值的预期将导致本国利率水平低于世界利率水平，同时外汇储备大幅度增加"（Krugman 等，2012）。并且，在此过程中，私人资本因升值预期而大量流入本国①。然而，这些仅仅是最为直接明显的影响。我们下面进一步考察升值预期带来的问题和影响（见表2－1）。

表2－1　　　　　　　　　　　升值型危机的理论影响

变量	影响方向	变量	影响方向
利率	下降	产出	不确定
外汇储备	上升	就业	不确定
出口	减少	货币供给	扩张
进口	增加	通货膨胀	上升
贸易顺差	恶化	投资	扩张
经常账户	恶化	信贷	扩张

注：升值型危机对投资和信贷的影响会受到私人部门货币错配状况的影响：如果私人部门外币资产高于外币负债，升值危机不利于投资和信贷的扩张；反之，如果私人部门持有净外币负债，那么升值危机有利于信贷和投资的扩张。

资料来源：作者分析。

首先，短期内，当升值预期持续下去，那么本国可能允许汇率出现一定幅度的升值。这种升值在恶化本国出口的同时导致进口扩张，从而恶化贸易账户和经常账户，并进一步导致总需求萎缩，产出下降。然而，短期内由于本国利率的下降，本国投资将会扩张，从而导致产出增长。因此，短期内升值型危机对产出和就业的影响是难以确定的。

其次，当升值预期持续之后，会导致本国外汇储备大幅度增加，同时，本国货币供给扩张。当价格可以进行调整之后，长期来看，本国货币的扩张会导致本国物价的持续上涨，从而带来通货膨胀的威胁和困扰。

最后，当本国货币供给扩张之后，银行部门资产负债表状况会改善，这可能导致银行部门增加信贷投放。并且，如果本国私人部门（包括企业、住户和银行）持有大量的净外币资产，那么本币升值会恶化私人部门资产负债表状况，从而通过资产负债表渠道导致信贷和投资萎缩；反之，如果本国私人部门持有

---

① 如果是贬值预期引起的货币危机，那么私人资本会大量逃离本国，这就是所谓的资本外逃。

大量的净外币负债，那么升值型危机反而会导致本国信贷和投资的扩张。

第二节　升值型货币危机：经验界定与特征事实

上一节的理论分析表明，对一国货币升值的预期导致了升值型货币危机。初步的分析表明，升值型危机在降低利率的同时会带来投资和信贷的扩张，但是，由于危机也会导致出口、贸易账户和经常账户的恶化，因此危机对产出与就业的影响并不明确。最后，我们也看到，由于外汇市场的干预导致本国外汇储备的扩张，危机还会导致通货膨胀的上升。那么，经验证据能否支持我们的理论预测？本节以 31 个新兴市场经济体（1970—2011 年）为样本，在界定升值型货币危机的基础上考察升值型货币危机的典型特征和事实以印证理论的分析和预测。

一、研究样本

本节使用的数据来自世界银行，样本覆盖 31 个新兴市场经济体，样本期为1970—2011 年。我们将摩根士丹利国际资本指数（Morgan Stanley Capital International，MSCI）中的新兴市场指数（Emerging Markets）和新兴市场债券指数 + （Emerging Markets Bond Index Plus，EMBI + ）所涵盖的经济体都视为新兴市场经济体。这些经济体的一个共同特征是它们正逐渐融入国际资本市场（Fischer，2001）[①]。

在指标选择上，本章考察了包括产出增长在内的 27 个主要经济指标在升值危机前后的表现和变化。与 Kaminsky 等（1998）的做法类似，我们将 27 个指标划分为实体经济变量、金融部门、私人部门、公共部门、国际收支与外国变量以及债务变量共 6 类，各指标的分组及定义见表 2 - 2。

二、升值危机的经验界定

参照 Moreno（1995）的方法，我们采用 EMP 指数方法来界定升值型货币危机：当 EMP 指数低于其均值一定倍数的标准差时即视为该国发生了升值型危机，即

---

① 这 31 个经济体包括：阿根廷、巴西、保加利亚、智利、中国、哥伦比亚、捷克、厄瓜多尔、埃及、匈牙利、印度、印度尼西亚、以色列、约旦、韩国、马来西亚、墨西哥、摩洛哥、尼日利亚、巴基斯坦、巴拿马、秘鲁、菲律宾、波兰、卡塔尔、俄罗斯、南非、斯里兰卡、泰国、土耳其和委内瑞拉。

$$I < \mu - k\sigma, \text{且} I < 0 \qquad (2-4)$$

式中，I 为 EMP 指数；μ 为 I 的样本均值；σ 为 I 的样本标准差；k 为系数。第一章的文献回顾表明，在对贬值型货币危机的经验研究中，k 常见的取值为 1.5、2.0 和 2.5 等。我们首先选择 1.5 作为临界值来识别升值危机，将 2.0 和 2.5 留作稳健性检验。

表 2-2　　　　　　　　　　　指标分组

类型	名称	说明
实体经济变量（6）	产出增长 通货膨胀率 失业率 最终消费增长率 储蓄/GDP 投资/GDP	基于 CPI 指数计算通货膨胀率
金融部门（7）	存款利率 贷款利率 实际利率 银行部门净国外资产 银行贷款/GDP 银行资本/资产比率 银行不良贷款比率	不良贷款/总贷款
私人部门（1）	国内私人部门信贷/GDP	
公共部门（2）	政府消费增长率 广义货币增长率	
国际收支与外国变量（5）	经常账户余额/GDP 出口增速 进口增速 FDI 增长率 私人资本流动增长率	
债务变量（6）	中央政府债务/GDP 优惠债务/总外债 官方和官方担保债务/GNI 外债总量/GNI 短期债务/总外债 全部债务/GNI	

资料来源：作者整理。

由于很多新兴市场经济体的利率没有市场化，货币当局通过利率这一渠道干预外汇市场的可能性比较小，并且大部分新兴市场经济体没有长时期的市场化的短期利率数据，因此我们在界定新兴市场经济体的 EMP 指数时没有考虑利率因素，而仅仅考虑了汇率和外汇储备两个因素的影响。根据 Eichengreen 等（1995）和 Stavarek（2007）等提出的非模型依赖的 EMP 指数测算方法，本章定义的 EMP 指数如下：

$$EMP = \alpha_s \Delta s_t + \alpha_r \Delta r_t \qquad\qquad (2-5)$$

式中，$\alpha_i = \dfrac{\dfrac{1}{\sigma_i}}{\dfrac{1}{\sigma_s} + \dfrac{1}{\sigma_r}}(i = s,r)$；$s$ 为汇率的自然对数（用一国货币表示美元的价

格）；r 为外汇储备的自然对数；σ_s 为汇率变化的标准差；σ_r 为储备变化的标准差；Δs_t 为第 t 期和 $t-1$ 期的汇率之差，也就是汇率的百分比变化；Δr_t 为第 t 期和 $t-1$ 期储备之差，表示外汇储备的百分比变化。

当 $k = 1.5$ 时，利用式（2-4），我们识别了发生升值型危机的国家和年份。值得注意的是，有些国家在样本期内出现了多次危机。对此，我们以 3 年作为剔除窗口，3 年之内发生了多次危机均视为一次危机。例如，如果一国在 1985 年和 1987 年都发生了危机，则认为 1987 年的危机是 1985 年危机的延续。这样，当 $k = 1.5$ 时，我们发现有 29 个新兴市场经济体发生了升值危机，总共发生了 48 次危机（见表 2-3）；如果 $k = 2.0$，那么共有 26 个经济体发生了升值型危机，总共发生了 30 次危机；如果 $k = 2.5$，则只有 18 个经济体发生了升值型危机，合计发生危机的次数也为 18。虽然随着临界值 k 的增加，识别的危机数量在减少，但是这些发现也确实表明升值危机在现实中并不罕见。

表 2-3　　　　　　　　新兴市场经济体的升值型货币危机

经济体	危机发生时间	经济体	危机发生时间
阿根廷	1973	马来西亚	1973；1992
巴西	1972；1984；2007	墨西哥	1983
保加利亚	1992	摩洛哥	1990
智利	1976	尼日利亚	1974
中国	1982	巴基斯坦	1980；1994；2002
哥伦比亚	1976；2007	秘鲁	1979
捷克	1995	菲律宾	1986；1991
埃及	1973	波兰	1981；1987；1995

续表

经济体	危机发生时间	经济体	危机发生时间
厄瓜多尔	1972	卡塔尔	1972；2009
匈牙利	1991	俄罗斯	2000
印度尼西亚	1972；1976	南非	1997；2003
印度	1976；1994；2007	斯里兰卡	1977
以色列	1971；1997	土耳其	1970
约旦	1978；1986；1993	委内瑞拉	1974
韩国	1976；1988	小计	48 次

资料来源：作者计算整理。

三、升值型危机的典型事实

我们根据筛选出的发生升值型危机的国家及年份，分别计算各国危机发生前 3 年、危机发生当年、危机发生后 3 年及其余年份的各项经济指标的平均值①。我们将升值危机发生前 3 年、升值危机发生当年、升值危机发生后 3 年的指标均减去平稳期的均值，以观察升值危机前后各项指标的变化。我们分别用 -3、-2、-1、0、1、2、3 表示升值危机前第 3 年、第 2 年、第 1 年，升值危机发生当年，以及升值危机发生后第 1 年、第 2 年、第 3 年。由于同一指标变化趋势在各个国家并不完全一致，为了得到总体的变化情况，我们将所有发生危机国家的同一指标数据再进行算术平均，得到该经济指标的一般性变化特征。具体结果如图 2-1 所示。根据图 2-1，我们可得到如下结论：

一是就实体经济变量而言，其一，消费、储蓄和投资在危机前都低于平稳期，而失业率在危机前后都高于正常时期；其二，危机之后，投资和产出表现出了显著的反弹和上升趋势，但是，失业率并未因产出的显著扩张而下降。

二是就金融部门变量而言，其一，危机前后，银行存贷款利率和银行贷款都显著低于正常时期，但两个利率指标在危机后都低于危机之前的水平；其二，危机前后银行部门的净国外资产高于平稳期，这可能是因为升值预期导致银行部门积累了大量的外币计价资产；其三，银行不良贷款比率在危机之前显著上升，但危机之后不良贷款比率显著下降。

三是就私人部门和公共部门而言，其一，危机前后，国内私人部门的信贷

① 我们把剔除了危机发生前 3 年、发生当年和危机发生后 3 年的其余时期定义为平稳期，它代表了经济正常运行时的情况。

都低于正常时期，危机发生后，私人部门信贷有显著上升的趋势；其二，政府消费在危机发生之后显著上升；其三，广义货币增长在危机前显著增加，这可能是由于政府干预外汇市场导致货币的被动投放所致。该指标在危机发生后显著下降。

四是危机前，由于出口增速显著上升，而进口增速显著下降，从而导致经常账户余额在危机前也显著提高。但是，危机之后，本币升值导致本国出口增速显著下降而进口增速显著提高，由此导致经常账户余额在危机发生后呈显著的下降趋势。

五是通货膨胀、投资、利率（存款利率和贷款利率）、银行贷款、国内私人部门信贷、经常账户余额、出口和进口等指标的变化与我们的理论预测是一致的（见表2-1）；然而，广义货币供给和私人资本流动的变化并不符合我们的理论分析。

四、稳健性分析

（一）临界值选择

我们在界定和识别危机时，采用了 $k=1.5$ 的临界值。为了考察我们的结论是否受临界值选择的影响，我们分别以2.0和2.5作为临界值重新识别了升值型危机，并考察了升值前后的经济指标的变化。结果表明，不同的临界值选择并不影响上述分析结论（见图2-1）。

（二）剔除窗口选择

我们的研究是以3年作为危机剔除窗口来甄别升值危机的年份的。这种剔除窗口的选择多少带有随意性，为了检验结论是否受剔除窗口选择的影响，我们分别选择以2年和4年作为剔除窗口展开分析。首先，当 $k=1.5$ 时，若选择2年作为剔除窗口，那么只有阿根廷受到影响。在此情况下，阿根廷将多识别出一次危机（1976年）；如果设定4年为剔除窗口，那么只有印度尼西亚受到了影响。在此情形下，印度尼西亚发生于1976年的危机将被视为1972年危机的延续，因此而减少了一次危机。其次，当 $k=2.0$ 时，如果设定2年为剔除窗口，那么对所有经济体的危机识别都没有影响；如果选择4年作为剔除窗口，那么仍然只有印度尼西亚受到了影响。该经济体在1976年的危机将被视为1972年危机的延续，从而减少了一次危机情形。最后，当 $k=2.5$ 时，窗口期的选择并不影响到危机的识别。因此，总体来说，选择不同的剔除窗口对本章结论的影响并不显著。

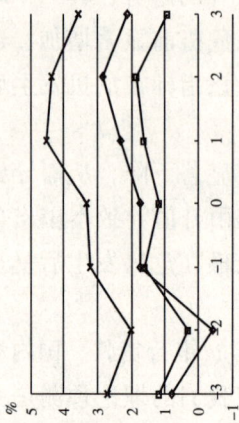

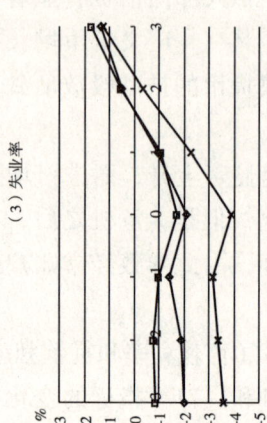

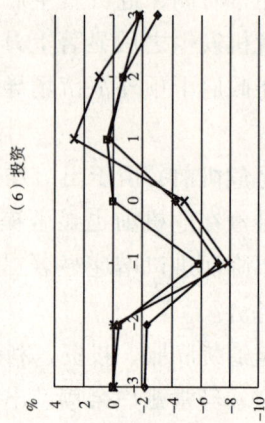

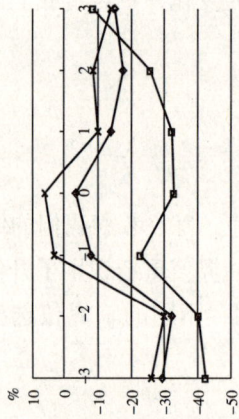

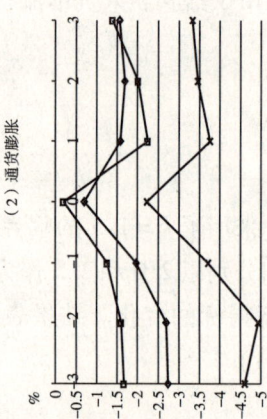

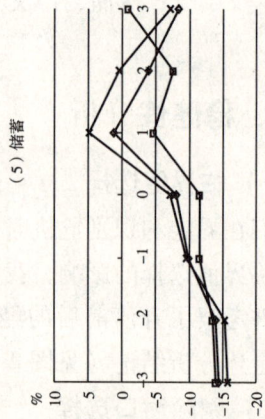

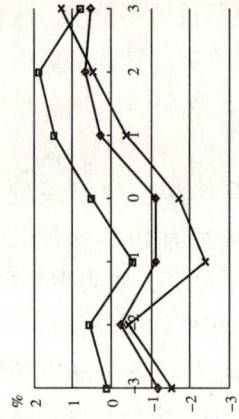

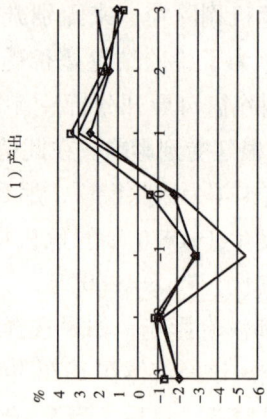

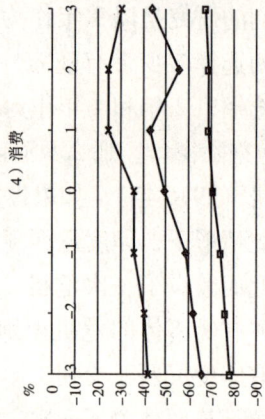

（1）产出　（2）通货膨胀　（3）失业率　（4）消费　（5）储蓄　（6）投资　（7）存款利率　（8）贷款利率　（9）实际利率

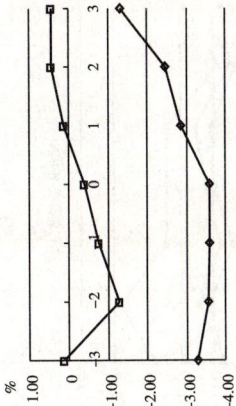

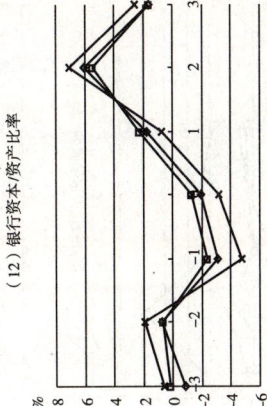

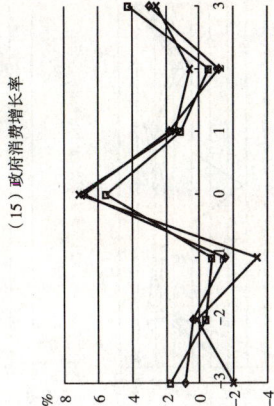

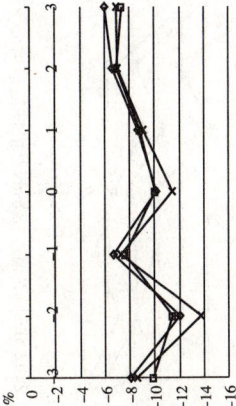

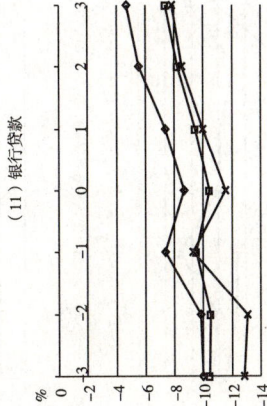

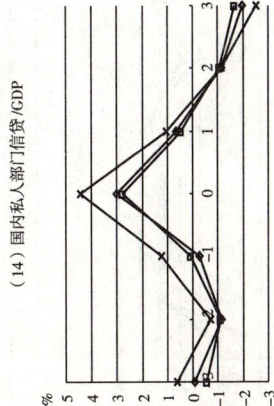

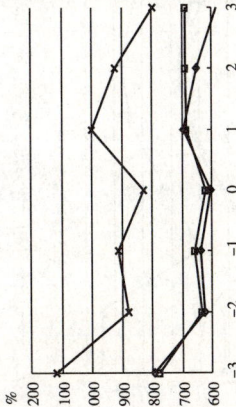

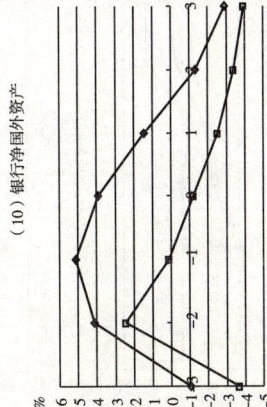

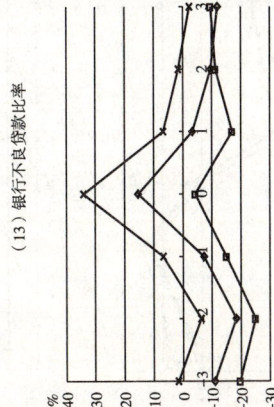

（10）银行净国外资产

（11）银行贷款

（12）银行资本资产比率

（13）银行不良贷款比率

（14）国内私人部门信贷/GDP

（15）政府消费增长率

（16）广义货币增长率

（17）经常账户余额/GDP

（18）出口增速

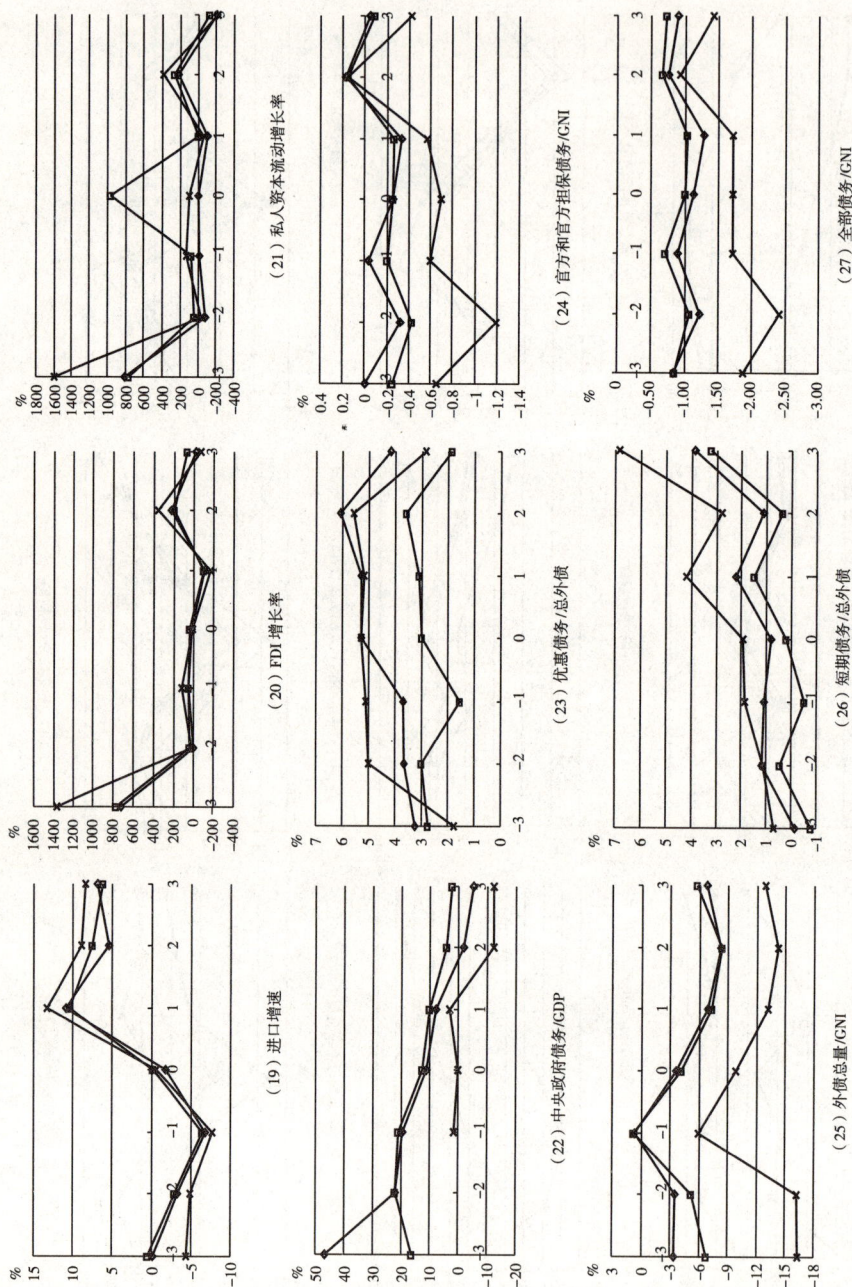

图2-2 升值型货币危机的典型事实

注：—■—、—◆—、—▲— 和 —×— 线分别表示采用k=1.5、2和2.5的临界值所界定识别的升值性危机情形下各指标的变化

本章小结

本章利用 Krugman 等（2012）的理论框架初步考察了升值型货币危机的成因和影响，并利用来自 31 个新兴市场经济体的样本检验了我们的理论预测和分析。我们发现，经验证据在很大程度上支持我们的理论分析和预测：升值型危机会导致一国利率的下跌、投资和信贷的扩张。此外，升值型货币危机还会导致出口的萎缩和进口的扩张，从而带来贸易账户和经常账户的恶化，并最终导致通货膨胀的上升。但是，同样存在部分证据不支持理论的预测，包括货币供给和私人资本流动等在内的经济指标的变化却和理论分析并不一致。

第三章　人民币升值压力和
汇率制度弹性测算

　　2005 年 7 月 21 日，在面临持续了近五年的升值压力下，中国人民银行进行了新的汇率形成机制改革。是日，中国人民银行宣称，"我国开始实行以市场供求为基础、参考一篮子货币进行调节、有管理的浮动汇率制度。人民币不再盯住单一美元，形成更富有弹性的人民币汇率机制。"经过七年多的时间，人民币升值压力是否有所缓解？人民币汇率形成机制是否"更富有弹性"了？本章首先利用 EMP 的概念定义汇率制度弹性，建立汇率制度弹性的测算公式，然后估计 1994 年 1 月至 2012 年 10 月人民币的 EMP 和汇率制度弹性指数。在这些工作的基础上，本章初步评估人民币升值压力及人民币汇率形成机制的弹性化程度。

　　本章安排如下：第一节在简要回顾已有研究的基础上，利用 EMP 方法定义汇率制度弹性，建立汇率制度弹性的测算公式；第二节利用模型依赖和非模型依赖两种 EMP 测算方法定义人民币实际汇率制度弹性指数；第三节利用 1994 年 1 月至 2012 年 10 月的时间序列经验地测算人民币 EMP 和汇率制度弹性指数，并对经验结果做简要的分析和解读。

第一节　汇率制度弹性的理论界定

　　本节在回顾已有研究的基础上，界定汇率制度弹性，并给出测算汇率制度弹性的理论公式，分析该公式的经济学意义，为下一节测算人民币汇率制度弹性奠定基础。

一、理论渊源

　　经济学家发现，一国事后所表现出来的汇率制度与事前一国公开宣称的汇率制度可能并不一致①。这就引出了汇率制度实际分类的问题。一般来说，汇率制度分类有理论分类与实践分类两种。前者指落在完全固定和完全浮动汇率制度之间的各种理论上的汇率制度。后者又细分为名义分类法（de jure classification）和实际分类法（de facto classification）。名义分类法又称官方分类法，是以一国政府或货币当局公开宣称的汇率制度为依据而进行的一种汇率制度划分方法。20 世纪 90 年代前，各国汇率制度的统计和分类工作一直是由国际货币基金组织（IMF）负责的。IMF 根据成员国宣布的汇率制度进行记录，定期编制并汇总成员国所宣称的汇率制度。这一分类方法一直为各成员国所沿用，成为 20 世纪 90 年代前大部分汇率制度方面的经验研究所采用的数据集（Bubula 和 Ötker - Robe，2002；Levy - Yeyati 和 Sturzenegger，2005；Rogoff 等，2003）。

但是，IMF 的名义分类法存在很大的缺陷。一方面，它没有区分主要的汇率制度之间的差异，而这些差异对学术研究来说十分重要（Poirson，2001）；另一方面，这种分类方法无法真正反映一国实际的汇率行为，因为一国政府有可能出现言行不一致的现象（Bubula 和 Ötker - Robe，2002；Dubas 等，2010；Poirson，2001；Rogoff 等，2003）。针对这些缺陷，经济学家开发了基于实际的汇率行为和/或官方干预的实际分类方法。这种方法利用可观测的宏观经济指标②，从事后对一国实际的汇率安排进行重新分类，从而掀起了汇率制度实际分类方法的研究热潮。但是，这种方法所得到的结果通常是离散的三分法或两分法等（如划分为固定汇率制度、中间汇率制度和浮动汇率制度等）。

还有学者同样利用事后可观测的宏观经济变量，构建了以连续变量表示的实际汇率制度弹性指数（Exchange Rate Flexibility Index，ERFI）。这类研究最早由 Holden 等（1979，HHS 分类）提出。从文献看，这类研究又分为两类：一类利用汇率和储备的百分比变化来测算实际汇率制度弹性（HHS，1979；Poirson，2001），另一类利用汇率和外汇储备的方差来测算实际汇率制度弹性（Hausmann 等，2001；Calvo 和 Reinhart，2002）。前者建立的 ERFI 指数如下：

---

① 在约一半的历史时期中，各国实际的汇率制度和所宣称的汇率制度是不同的（Rogoff 等，2003）。

② 这些指标主要包括汇率、利率和外汇储备等。在固定汇率制度下，一国货币当局有义务维持宣称的固定的汇率平价。当市场汇率偏离所宣称的平价时，一国将动用外汇储备进行干预，维持平价的稳定。因此，在固定汇率制度下，一国的外汇储备波动较大，但是汇率变化却很小（理论上来说，汇率变化为零）；在浮动汇率制度下，中央银行不干预市场汇率的形成，因此，外汇储备的波动为零，而汇率的变化或波动却相对较大。因此，将汇率和外汇储备等指标综合起来考虑就足以确定一国在既定时点上的实际汇率制度安排（Levy - Yeyati 和 Sturzenegger，2005）。

$$ERFI = \frac{\sum_{k=0}^{n}\left[\dfrac{\left|S_{(t-k)} - S_{(t-k-1)}\right|}{S_{(t-k-1)}}\right]}{\sum_{k=0}^{n}\left[\dfrac{\left|R_{(t-k)} - R_{(t-k-1)}\right|}{B_{t-k-1}}\right]}$$

式中，S 为贸易加权汇率；R 为一国持有的外汇储备；B 为基础货币[①]。

与第一类指数构建方法不同，Hausmann 等（2001）以及 Calvo 和 Reinhart（2002）使用了汇率和外汇储备的波动性指标而不是两者变化的绝对值来估计 ERFI。并且 Hausmann 等（2001）还注意到，一国不仅可能利用外汇储备干预外汇市场，而且还可能通过利率手段干预汇率。因此，在考察一国实际汇率制度时，他们同时考虑了两类指标，一是汇率波动与外汇储备波动之比，二是汇率波动与利率波动之比。在 Hausmann 等（2001）的基础上，Calvo 和 Reinhart（2002）定义了一个综合考虑了外汇储备、利率与汇率波动性的 ERFI：

$$ERFI = \sigma_S^2 / (\sigma_i^2 + \sigma_R^2)$$

式中，σ_S^2、σ_i^2 和 σ_R^2 分别为一国汇率、利率和外汇储备的方差。

由上述 ERFI 指数可知，HHS 类指数的取值范围为 $[0, +\infty)$。指数取值为零时，说明一国汇率没有变化，因此，该国实际上实行的是固定汇率制度；当指数取值为 $+\infty$ 时，则表示一国基本没有发生储备（和利率）的变化，说明该国实际上实行的是浮动汇率制度；当指数取值介于二者之间时，该国实行的是中间汇率制度。

尽管 ERFI 指数从汇率制度的定义出发，为研究者提供了定义和测算汇率制度弹性程度的基本思路。但是，该方法存在一定的缺陷：一是该方法难以清晰而准确地界定或定义实际汇率制度弹性；二是当指数取值不为零或 $+\infty$ 时，如何解释指数是很困难的；三是指数取值总为正，因此，它难以捕捉一国过分干预外汇市场或汇率过度调整的情形（例如，假设本币面临贬值压力，但由于中央银行的过度调整导致本币升值）。这种情形是 HHS 类难以考察的，基本原因在于，HHS 类指数对汇率变化和中央银行外汇市场干预取了绝对值，或者利用汇率和储备的样本方差来刻画实际的汇率制度安排，因此将这类情形自动地剔除了；四是相对于第一类指数设计而言，HHS 分类法下的第二类指数设计方法对数据频度的要求更高。

[①] Holden 等（1979）定义的指数中，n 取值为 23，并且他们使用的是一国进出口总额而不是基础货币作为储备项的分母。Poirson（2001）采用了 Holden 等（1979）、Calvo 和 Reinhart（2002）以及 Levy–Yeyati 和 Sturzenegger（2005）的方法，但利用一国月度名义汇率贬值率的绝对值和外汇储备变化的绝对值来定义 ERFI。

二、汇率制度弹性的定义与内涵

HHS 类 ERFI 指数的设定、Girton 和 Roper（1977）以及 Weymark（1997）EMP 思想的提出为我们从事后定义和测算一国汇率形成机制是否更具有弹性（本书称为汇率制度弹性）提供了基本方法。我们定义汇率制度弹性如下：

定义：汇率制度弹性是指一国通过本币汇率变化所释放的外汇市场压力（EMP）的比例或通过本币汇率变化所释放的外汇市场压力占全部外汇市场压力的比重。

考虑到本国可能通过利率手段干预外汇市场，从而释放部分 EMP，因此，我们首先定义一个一般化的 EMP 公式：

$$EMP_t = w_1 \Delta s_t + w_2 \Delta i_t + w_3 \Delta r_t \quad w_1, w_2 > 0; w_3 < 0$$

式中，i 为本国利率水平；其余变量含义同前。显然，当 $w_1 = 1$，$w_2 = 0$ 时，这个一般化的 EMP 公式就是 Weymark（1997）所定义的 EMP 公式。应该指出的是，Weymark（1997）EMP 公式的定义及公式中储备变化的权重（η）是通过经济模型推导出来的，因此 Weymark 的 EMP 公式是模型依赖的，而我们定义的 EMP 公式是人为规定的，不是从经济结构模型推导得到的，因此是非模型依赖的。关于二者的区别，第一章第一节即已做了详细说明，此处不再赘述。

根据对汇率制度弹性的定义，可以定义汇率制度弹性指数（ERFI）为

$$ERFI_t = w_1 \Delta s_t / EMP_t$$

在正常情况下，指数取值为 [0, 1]。当 ERFI = 0 时，说明本币面临的 EMP 完全是通过中央银行外汇市场干预释放的，因此，本国实行的是固定汇率制度；当 ERFI = 1 时，说明本国 EMP 完全是通过汇率变化释放的，本国中央银行并没有从事任何外汇市场干预，因此，本国实行的是浮动汇率制度；当 ERFI $\in (0, 1)$ 时，说明本币 EMP 是通过汇率变化和外汇市场干预两个渠道共同释放的，因此，本国实行的是中间汇率制度。显然，指数越接近 1，说明汇率制度越趋近浮动汇率制度，汇率制度就越有弹性；反之，指数越接近 0，则说明一国实际经济运行中所表现出来的汇率制度安排是越缺乏弹性的。

值得指出的是，我们界定的 ERFI 指数取值可能小于 0 或大于 1。当 $ERFI_t < 0$ 时，说明汇率变化（Δs_t）与 EMP_t 异号。这可以分为两种情况说明：其一，$\Delta s_t < 0$，且 $EMP_t > 0$。即本币面临贬值压力（$EMP_t > 0$）时，本币在升值；其二，$\Delta s_t > 0$，且 $EMP_t < 0$。即本币面临升值压力，本币贬值。这两种情况都说明中央银行存在过度的外汇干预。这可称为"逆风干预"（leaning against the wind）。

当 $\mathrm{ERFI}_t > 1$ 时，同样可以分两种情况考察：其一，$\Delta s_t < \mathrm{EMP}_t < 0$，即本币面临升值压力，且本币升值；其二，$\Delta s_t > \mathrm{EMP}_t > 0$，即本币面临贬值压力且本币贬值。这两种情况分别说明本币出现过度升值或贬值。这可称为"顺风干预"（leaning with the wind）。

显然，相对 HHS 类指数而言，本书定义和建立的实际汇率制度弹性指数优点在于：一是该定义具有明确且易于解释的经济含义；二是该定义能反映中央银行过度干预和汇率过度调整的情形；三是具体测算时，我们所定义的方法对数据的频度要求较低。一般而言，月度数据即可满足。对像中国这样的转型经济体而言，日度的储备数据常常是难以获得的。

第二节　人民币 EMP 指数与 ERFI 指数的测算原理

由上节可知，我们定义的汇率制度弹性的测算是依赖于具体的 EMP 测算方法的，而 EMP 的经验测算方法有两类：一是模型依赖方法，二是非模型依赖方法。因此，在具体定义人民币实际汇率制度弹性时，我们还应分别设定这两种方法。

一、模型依赖的指数

遵循 Girton 和 Roper（1977）以及 Weymark（1995；1997）的思路，我们采用标准的小国开放经济模型。模型如下：

$$\Delta p_t = \alpha_0 + \alpha_1 \Delta p_t^{\ *} + \alpha_2 \Delta s_t \qquad (3-1)$$

$$\Delta i_t = \Delta i_t^{\ *} + \Delta s_{t+1}^{\ e} - \Delta s_t \qquad (3-2)$$

$$\Delta m_t^{\ d} - \Delta p_t = \beta_0 + \beta_1 \Delta y_t - \beta_2 \Delta i_t + \varepsilon_t, \ \beta_1, \beta_2 > 0 \qquad (3-3)$$

$$m_t^{\ s} = m_{t-1}^{\ s} + \Delta d_t + \Delta r_t \qquad (3-4)$$

$$\Delta r_t = -\rho_t \Delta s_t \qquad (3-5)$$

式中，p、i、m^d、m^s、y、d 分别为本国的价格水平、利率、货币需求、货币供给、产出和国内信贷。除利率、国内信贷和国际储备等变量外，其余变量都是以自然对数形式表示的。Δd 和 Δr 分别表示经过基础货币调整后的国内信贷和国际储备的百分比变化。带有星号的变量表示相应的外国变量。

式（3-1）指出了发展中国家汇率的部分传递特征（pass-through）；式（3-2）表示无抛补利率平价（UIP），$\Delta s_{t+1}^{\ e}$ 表示预期的汇率变化。该式表明，在资本完全流动的条件下，以同一种货币表示的投资于本币资产和外币资产的预期收益应趋于一致；本国实际货币需求式（3-3）采用了标准的 Cagan 类型的货币需求函数；式（3-4）表明，在开放经济条件下，本国货币供给的变化主要由国内信贷和国际储备变化两部分构成。

式（3-5）指出了本国中央银行的反应函数。从理论上说，$\rho \geq 0$ 意味着本币面临贬值压力，中央银行应卖出外汇储备，回笼本币；反之，本币面临升值压力，中央银行应买入外汇储备，增加本币投放。具体来说，一是如果本币面临贬值或升值压力，中央银行任由这种压力通过外汇市场上的本币汇率变化释放出来，那么本国国际储备变化为零，即 $\rho = 0$；二是如果中央银行通过外汇市场干预来全部吸收这种压力，那么有 $\rho \to +\infty$；三是如果中央银行希望通过汇率变化和外汇市场干预两种渠道的组合来释放这种压力，那么有 $\rho \in (0, +\infty)$。但在实际的外汇市场操作中，中央银行有可能积极地干预外汇市场，即使在本币贬值（升值）的情况下，仍然买入（卖出）外汇储备，增加（收缩）本币投放。此时，$\rho < 0$。

将式（3-1）和式（3-2）代入式（3-3）得到：

$$\Delta m_t^d = \alpha_0 + \alpha_1 \Delta p_t^* + \alpha_2 \Delta s_t + \beta_0 + \beta_1 \Delta y_t - \beta_2 [\Delta i_t^* + \Delta s_{t+1}^e - \Delta s_t] + \varepsilon_t$$

由式（3-4）有，$\Delta m_t^s = \Delta d_t + \Delta r_t$。在货币市场均衡时有：

$$\alpha_0 + \alpha_1 \Delta p_t^* + \beta_0 + \beta_1 \Delta y_t - \beta_2 \Delta i_t^* - \beta_2 \Delta s_{t+1}^e + \beta_2 \Delta s_t + \varepsilon_t = \Delta d_t + \Delta r_t$$

$$(3-6)$$

从而有：

$$\Delta s_t = [\Delta d_t + \Delta r_t - \Delta p_t^* - \beta_1 \Delta y_t + \beta_2 \Delta i_t^* + \beta_2 \Delta s_{t+1}^e - \varepsilon_t - \alpha_0 - \beta_0] / (\alpha_2 + \beta_2)$$

$$(3-6')$$

将式（3-5）代入上式（3-6'）得到：

$$\Delta s_t = [\Delta d_t - \Delta p_t^* - \beta_1 \Delta y_t + \beta_2 \Delta i_t^* + \beta_2 \Delta s_{t+1}^e - \varepsilon_t - \alpha_0 - \beta_0] / (\alpha_2 + \beta_2 + \rho_t)$$

$$(3-7)$$

令 $\psi = (\alpha_2 + \beta_2 + \rho_t)$，$X = [\Delta d_t - \Delta p_t^* - \beta_1 \Delta y_t + \beta_2 \Delta i_t^* + \beta_2 \Delta s_{t+1}^e - \varepsilon_t - \alpha_0 - \beta_0]$

所以有：

$$\Delta s_t = (X + \beta_2 \Delta s_{t+1}^e) / \psi \qquad (3-7')$$

显然，预期的汇率变化、货币冲击、本国产出的变化、国内信贷的变化以及国外价格的变化都会导致外汇市场上对本币的超额需求或超额供给，从而导致本币的外汇市场压力。

由式（3-6'）可得，$\partial(\Delta s_t)/\partial(\Delta r_t)=1/(\alpha_2+\beta_2)$，根据 Weymark（1997）的定义，$\eta=-\partial(\Delta s_t)/\partial(\Delta r_t)$，从而得到 $\eta=-1/(\alpha_2+\beta_2)$。这样，我们就得到了模型依赖的 EMP 指数与人民币 ERFI 指数，

$$EMP_t = \Delta s_t + \eta\Delta r_t \qquad (3-8)$$

$$ERFI_t = \Delta s_t / EMP_t \qquad (3-9)$$

二、非模型依赖指数

我们采用 Stavarek（2007）的定义来估计非模型依赖的人民币 EMP 指数和 ERFI 指数。考虑到中国利率市场化的进程和至今仍无基准利率等现实，我们将非模型依赖的 EMP 指数和 ERFI 指数定义如下：

$$EMP_t = \left[\dfrac{\dfrac{1}{\sigma_s}}{\dfrac{1}{\sigma_s}+\dfrac{1}{\sigma_r}}\right]\dfrac{\Delta S_t}{S_{t-1}} - \left[\dfrac{\dfrac{1}{\sigma_r}}{\dfrac{1}{\sigma_s}+\dfrac{1}{\sigma_r}}\right]\left(\dfrac{\Delta R_t}{B_{t-1}}\right) \qquad (3-10)$$

$$ERFI_t = \left[\dfrac{\dfrac{1}{\sigma_s}}{\dfrac{1}{\sigma_s}+\dfrac{1}{\sigma_r}}\right]\left(\dfrac{\Delta S_t}{S_{t-1}}\right)_t / EMP_t \qquad (3-10')$$

式中，σ_s 和 σ_r 分别为汇率和储备百分比变化的标准差。

第三节 人民币 EMP 指数和 ERFI 指数的经验测算

本节利用中国 1994 年 1 月至 2012 年 10 月的宏观经济时间序列数据，在模型依赖方法和非模型依赖方法的基础上，估计人民币 EMP 指数和 ERFI 指数。

一、数据及处理

本节样本区间设定为 1994 年 1 月至 2012 年 10 月。本国价格指数采用 CPI 环比指数，其中，1994 年 1 月至 2000 年 12 月数据来自宋海林、刘澄（2003），其余数据来自《中国经济景气月报》各期。由于该序列具有明显的季节性特征，因此，我们采用 X12 法进行了季节调整。我们将调整后的序列以 1994 年 1 月为基期，换算为定基比价格指数序列。美国的价格指数来自美国 St. Louis Fed.。该处公布的是以 1982—1984 年为基期的经过季节调整的城市居民消费价格指数（序列 ID：CPIAUCSL），我们以 1994 年 1 月为基期，重新调整了该序列。

人民币兑美元双边名义汇率和人民币名义有效汇率分别来自 St. Louis Fed

和国际清算银行（BIS）。国内利率采用 30 天银行间同业拆借利率。其中，1994 年 1 月至 2000 年 12 月数据来自《中国证券期货统计年鉴》（2000—2002 年）和谢平、罗雄（2002），其余数据来自中国人民银行网站。美国利率采用 30 天的联邦基金利率，数据来自 St. Louis Fed。

由于我国没有公布 GDP 的月度数据，因此，我们利用 EViews5.1 软件将季度 GDP 转换为月度 GDP 数据。

我们用中国人民银行资产负债表资产方"外汇"或"外汇占款"指标代替外汇储备①，用负债方"储备货币"指标代替基础货币，使用 M_1 作为货币供给的代理变量。1994—1999 年，储备货币和外汇储备只有季度数据，因此，我们利用 EViews 5.1 将该季度数据转换为月度数据（quadratic-match average）。

国内信贷、M_1、外汇储备和基础货币等数据均来自中经网，部分月度数据缺失，我们用该月前后两个月的均值作为该月数据的近似替代②。在得到完整的月度时间序列后，我们利用 X12 法对国内信贷、M_1、外汇储备和储备货币等指标做了季节调整以剔除季节因素的影响。

二、模型依赖指数的参数估计

（一）结构参数估计

由于在模型依赖的 EMP 估计方法及相应的 ERFI 指数估计中，模型本身是联立方程模型，并且是过度识别的（over-identified），因此，为了克服联立性问题（simultaneity）和过度识别问题，我们使用两阶段最小二乘法（2SLS）对所需的参数进行经验估计。

首先，为防止伪回归，我们利用 ADF 检验和 PP 检验进行平稳性检验。其中，ADF 检验的滞后期选择标准为 AIC 信息准则最小时所对应的阶数，PP 检验根据 Newey－West 自动选择带宽（bandwidth）。检验结果（见表 3－1）表明，除了储备变量外，所有变量在 10% 显著性水平下都能同时通过 ADF 和 PP 平稳性检验。由于储备变量在 PP 检验下平稳，因此，我们认为各序列都是平稳的，

---

① 我们认为，亚洲金融危机（更早一点，可以追溯到 1994 年人民币汇率并轨改革）后，我国中央银行利用外汇储备进行外汇市场干预的结果应该在其资产负债表中国外净资产一栏中的"外汇"一栏反映出来。因此，我们利用中央银行资产负债表中资产方的"外汇"一栏数据来表示我国外汇储备。

② 例如，已知 1998 年 12 月份和 1999 年 3 月份的外汇储备数据分别为 13087.9 美元和 13107.1 美元，那么我们假设 1999 年 1 月份数据（x）是上一期和下一期（y）的算术平均值，1999 年 2 月份数据（y）则是同年 1 月份和 3 月份的平均值。那么显然有 $2x = (13087.9 + y)$，$2y = (y + 13107.1)$，联立求解，可以估计出 1 月份和 2 月份数据。其余情况类推。

不会引起伪回归。

表 3 – 1 平稳性检验

	ADF 检验			PP 检验		
	检验类型 (C, T, L)	统计量	1% 临界值	检验类型 (C, T, B)	统计量	1% 临界值
Δs	(0, 0, 2)	– 7.234 ***	– 2.575	(0, 0, 9)	– 7.803 ***	– 2.575
Δp	(0, 0, 13)	– 3.611 * **	– 2.576	(0, 0, 9)	– 8.014 ***	– 2.575
Δp^*	(C, 0, 11)	– 5.606 ***	– 3.461	(C, 0, 5)	– 9.369 ***	– 3.459
Δd	(C, 0, 3)	– 7.297 ***	– 3.460	(C, 0, 1)	– 18.607 ***	– 3.459
Δr	(0, 0, 12)	– 1.074	– 2.576	(C, 0, 8)	– 9.007 ***	– 3.459
Δi	(0, 0, 0)	– 4.861 ***	– 2.576	(0, 0, 31)	– 17.273 **	– 2.575
Δi^*	(0, 0, 1)	– 5.217 ***	– 2.575	(0, 0, 4)	– 6.950 ***	– 2.575
Δm_1	(C, 0, 5)	– 4.403 ***	– 3.460	(C, 0, 7)	– 16.828 ***	– 3.459
Δy	(C, 0, 8)	– 5.811 ***	– 3.461	(C, 0, 14)	– 8.071 ***	– 3.459

注：***、** 和 * 分别表示所选检验类型在 1%、5% 和 10% 的显著性水平上显著，下同。

其次，我们利用 2SLS 方法进行参数估计。该方法的第一步要求将模型中等式右边的内生变量对工具变量进行回归，得到各内生变量的拟合值；第二步是利用各内生变量的拟合值对原模型进行回归。在第一步中，我们将模型中所有的内生变量和外生变量的滞后 1 – 12 期的值看作工具变量，利用这些工具变量作为解释变量对所有内生变量进行回归[①]。然后，将原方程等号右边的内生变量替换为第一步所得到的拟合值，再对原方程进行回归，从而得到估计 EMP 和 ERFI 指数所需的结构参数值（见表 3 – 2）。

回归结果表明，汇率水平变化对本国价格水平的影响系数统计上并不显著地异于零。在分别纠正了回归残差后，滞后 36 期的 Q 统计量 p 值都大于 1% 显著性水平，表明回归残差不存在显著的序列相关。White 异方差检验也表明，两个方程的回归残差都不存在异方差。但是利用 Jarque – Bera（J – B）对残差的正

---

① 在联立方程模型的工具变量选择上，学界意见并不统一。有学者认为，应将所有当期的和滞后的外生变量及所有内生变量的滞后期都视为潜在工具变量对内生变量回归，回归结果统计上显著的可作为工具变量（Stavarek，2007）；施图德蒙德（2007）则认为，应将所有的滞后变量作为工具变量，并且不剔除统计上不显著的变量。他指出，在 2SLS 第一步回归中，"我们既不检验任何假设，也不准备剔除统计上和理论上不相关的变量。2SLS 第一步的全部目的不是得到有意义的诱导型估计方程，而是要生成有用的工具变量，以便在第二步中替代内生变量。"这里经验估计中涉及的变量较多，滞后期较长，因此，不显著变量的剔除将十分复杂。鉴于此，我们采取了施图德蒙德（2007）的观点和做法处理工具变量。

态性检验表明，价格回归方程的残差不服从正态分布，而货币需求方程的回归残差服从正态分布。

表 3 - 2　　　　方程（3 - 1）和方程（3 - 3）的 2SLS 估计结果

方程（3 - 1）：$\Delta p_t = \alpha_0 + \alpha_1 \Delta p_t^* + \alpha_2 \Delta s_t$				方程（3 - 3）：$\Delta m_t^d - \Delta p_t = \beta_0 + \beta_1 \Delta y_t - \beta_2 \Delta i_t + \varepsilon_t$				
参数	估计值	标准误	t 值	p 值	参数	估计值	标准误	t 值	p 值
α_0	0.165	0.057	2.904	0.004	β_0	0.946	0.118	8.009	0.000
α_1	0.027	0.123	0.225	0.825	β_1	0.142	0.075	1.884	0.061
α_2	0.026	0.030	0.845	0.399	$-\beta_2$	-0.433	0.206	-2.108	0.036
ar（1）	0.925	0.053	17.515	0.000					
ma（1）	-0.644	0.076	-8.473	0.000					
ma（12）	-0.282	0.054	-5.244	0.000					
R^2 = 0.165；Adjusted R^2 = 0.145；D - W = 2.107					R^2 = 0.20；Adjusted R^2 = 0.010；D - W = 2.238				
J - B = 203.635（0.000）；White = 0.616（0.652）；Q（36）= 37.697（0.263）					J - B = 204.946（0.000）；White = 1.047（0.384）；Q（36）= 42.334（0.216）				

注：J - B 表示对残差正态性的 Jarque - Bera 检验；White（无交叉项）表示对残差异方差性的 White 检验。

（二）人民币 EMP 和 ERFI 指数

根据表 3 - 2 中得到的相关参数的估计值，我们可以得到转换系数 $\eta = -1/$ $(\alpha_2 + \beta_2) = -1/(-0.026 + 0.433) = -2.457$[①]。然后，根据式（3 - 8）和式（3 - 9）分别计算出人民币 EMP 指数和人民币 ERFI 指数（图 3 - 1）[②]。

三、非模型依赖的 EMP 和 ERFI 指数估计

首先，我们对外汇储备和基础货币等月度数据进行季节调整，然后求得每个序列的样本标准差，最后，利用式（3 - 10）和式（3 - 10′）估计了非模型依赖的人民币 EMP 和 ERFI 指数。估计结果见图 3 - 2。

---

①　由于我们用的是 BIS 公布的以间接标价法表示的人民币名义有效汇率（指数上升表示人民币有效汇率升值，反之则表示人民币有效汇率贬值），这种标价法和方程（3 - 1）、方程（3 - 2）以及方程（3 - 5）所设定的汇率标价方法正好是相反的。因此，价格方程（3 - 1）回归结果中的系数 α_2 在我们所采用的标价方法下应取负值。

②　1998 年 2 月 ERFI 估计结果为 10.545，对应的 EMP 值为 - 0.003，根据前文的分析，这表明中国人民银行的"顺风干预"导致人民币出现了过度的升值。为了避免这个异常观测值的影响，我们作图时剔除了这一观测值。

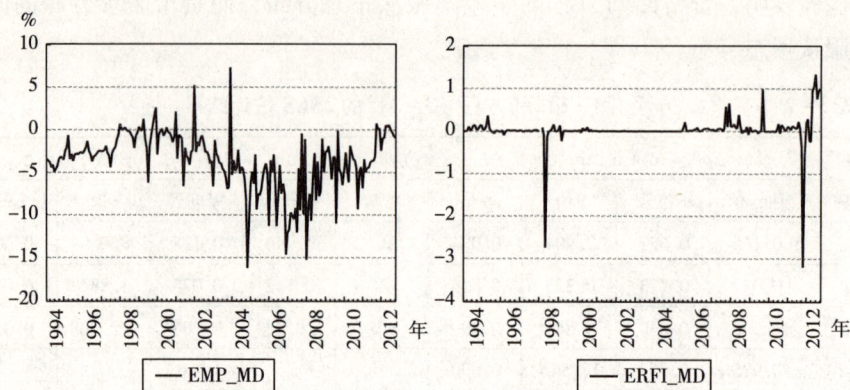

注：EMP_MD 和 ERFI_MD 分别表示模型依赖的 EMP 指数和 ERFI 指数。

图 3 - 1　模型依赖的 EMP 和 ERFI 指数

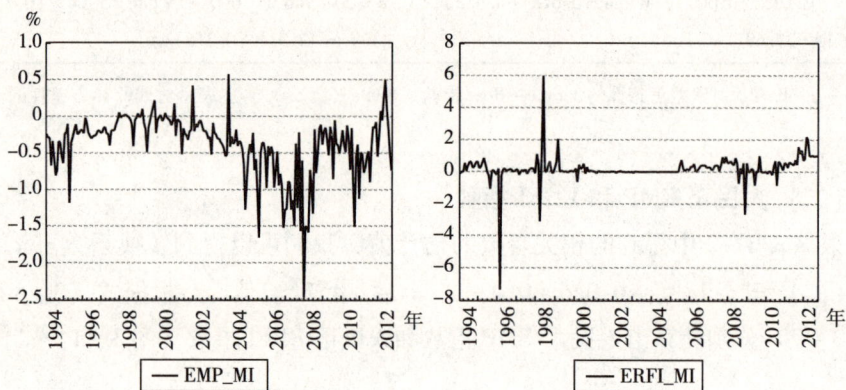

注：EMP_MI 和 ERFI_MI 分别表示非模型依赖的 EMP 指数和 ERFI 指数。

图 3 - 2　非模型依赖的 EMP 和 ERFI 指数

四、人民币升值压力与汇率形成机制弹性

首先，由图 3 - 1 和图 3 - 2 可见，利用模型依赖方法和非模型依赖方法得到的人民币 EMP 指数在数值上存在很大差异。但是在样本期内，两种估计结果的运动趋势基本一致，并且估计结果基本上都小于零，表明人民币确实存在持续的升值压力。

其次，所估计的两个序列相系数为 0.87，经 H - P 滤波后的两序列的趋势值的相关系数为 0.96。结合图 3 - 3 可知，虽然两种方法得到的估计结果在水平

值上存在较大差异，但是两种估计结果却都表明人民币面临的升值压力趋势是基本相同的。最迟在 2007 年底之后，人民币持续增加的升值压力已得到根本缓解。虽然此后人民币仍存在升值压力，但其滤波后的趋势表明，这种升值压力正在减弱。从图 3 - 1 和图 3 - 2 也可以看出，至 2012 年 10 月，人民币已经出现了贬值压力的苗头，因此，人民币在未来升值的压力已经基本消失。

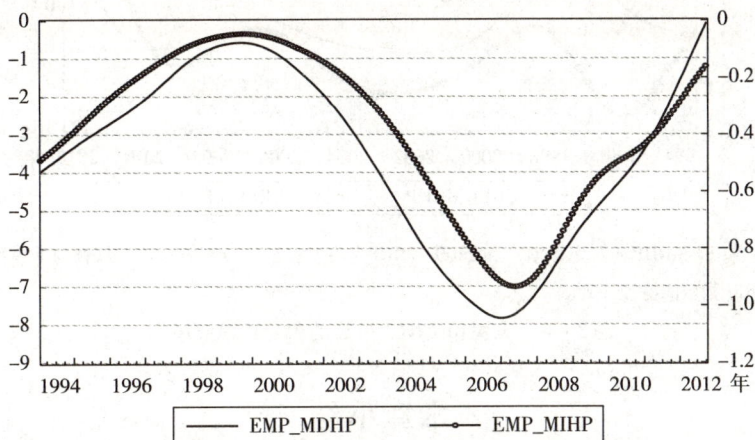

注：EMP_MDHP（左坐标轴）和 EMP_MIHP（右坐标轴）分别表示模型依赖与非模型依赖的人民币 EMP 指数的滤波序列。

图 3 - 3　人民币 EMP 指数的 H - P 滤波序列

在汇率形成机制弹性上，从 1996 年 1 月至 2012 年 10 月共经历了 3 升 2 降的过程（见图 3 - 4）。三个弹性不断增加的时段分别是 1996 年至 1997 年底、2003 年至 2007 年底及 2010 年初至今；两个弹性不断降低的时段分别是 1998 年初至 2002 年和 2007 年中至 2009 年底。

1998 年受亚洲金融危机的影响，中国承诺人民币不贬值，从此事实上地钉住美元，这一政策直到 2005 年 7 月才告终结，前后长达 8 年之久。2005 年 7 月之后，人民币汇率形成机制的弹性因 2005 年 7 月的汇率形成机制改革而不断增强。但是 2007 年至 2008 年初的金融危机打断了这一进程，人民币汇率形成机制又重新回到事实上的固定汇率制度（见图 3 - 1、图 3 - 2）。为了降低危机的影响，中国人民银行仍然保持了人民币汇率的稳定，在部分月份中国人民银行甚至逆风干预外汇市场。此后，直到 2010 年底，人民币汇率形成机制的弹性才开始不断增强，汇率形成机制改革进入了新的阶段。

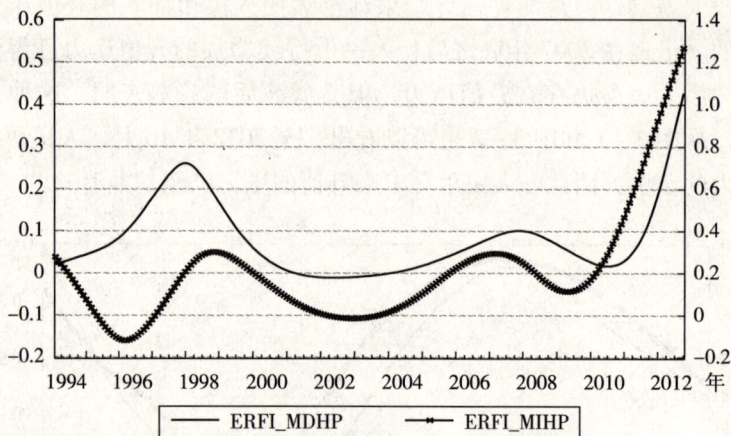

注：ERFI_MDHP（左坐标轴）和 ERFI _MIHP（右坐标轴）分别表示模型依赖与非模型依赖的人民币 ERFI 指数的滤波序列。

图 3 – 4　人民币 ERFI 指数的 H – P 滤波序列

本章小结

　　本章在已有研究的基础上定义了汇率制度弹性，并给出了汇率制度弹性测算的公式。我们的定义和公式具有清晰的经济学含义，同时，这一方法在数据要求方面相对较低，具有很强的可操作性。这一方法能为我们提供一国实际汇率制度弹性的时间序列数据，为评估一国实际的汇率制度提供了基本方法。我们利用 1994 年 1 月至 2010 年 12 月的月度数据的经验估计结果表明：（1）2007 年底、2008 年初以后，人民币面临的长期的持续的升值压力已经出现根本性的逆转，2008 年以后人民币升值压力逐渐减弱。至 2012 年底，人民币升值压力已经基本消失，存在贬值的可能；（2）2005 年 7 月的人民币汇率形成机制改革确实在一定程度上在一定时期内增加了人民币汇率形成机制的弹性，改变了 1999 年以来人民币事实上的单一的、钉住美元的固定汇率制度格局。然而，2007 年底、2008 年初以来，人民币汇率制度弹性也出现了趋势性变化，2009—2010 年人民币汇率形成机制的弹性持续下降，直到 2010 年底开始弹性才重新增强。

　　本章的研究还存在一定的缺陷。首先，我们没有考虑中国人民银行冲销干预和资本项目管制的影响；其次，我们只考虑中美之间的双边名义汇率也是有失偏颇的；最后，更重要的是，模型依赖的 EMP 测算严重依赖于 Mundell –

Fleming 类结构主义汇率模型，而此类模型又主要依赖货币政策的货币传导机制，但对中国而言，或许货币政策更主要地是通过信贷渠道传导的。因此，如何将信贷传导机制纳入理论模型，并在此基础上定义和建立人民币 EMP 和 ERFI 测算方法可能更贴近中国的现实。这些都留待后续研究解决。

第四章 中国升值型货币危机的 EWS

中国无疑是过去十余年中全球经济最令人瞩目的经济体，而在这十余年的增长过程中，中国备受关注和热议的一个重大问题则莫过于人民币汇率及汇率形成机制问题。因过去十余年中中国经常账户顺差和不包括储备项目在内的资本与金融账户的持续顺差，人民币面临持续的升值压力。这不仅招致美国为首的国际社会呼吁人民币加速升值的要求，也引发了更多的贸易摩擦。这种升值压力还可能导致中国面临潜在危机的威胁。在政策层面上，如果事先能及早捕捉到货币升值所蕴含的潜在风险并由此建立一套早期的预警系统，从而及早发现人民币升值的潜在风险及征兆并预防大幅度升值型危机的发生，那么决策者就能提前采取行动以避免风险的爆发或降低经济可能遭受的冲击的影响。

从国际上来看，20 世纪 90 年代后爆发的一系列货币危机不仅催生了对货币危机的理论研究，也使经济学家转向了对危机 EWS 的研究。然而，这一系列的理论与 EWS 的研究几乎毫无例外地都着眼于货币大幅度贬值所带来的危机问题，缺乏对货币升值所蕴含的潜在风险和问题的关注。正如我们已经反复指出的，这种忽视并不能否定现实中不曾发生过升值危机。1980—1994 年，泛太平洋地区的国家即曾出现过 54 次升值型危机（Moreno，1995），Gochoco - Bautista（2000）也曾注意到 11 次升值型危机的情形。

回到中国的现实，我们面临的问题更具挑战性：一方面，学界对人民币升值的内在经济逻辑还未形成较一致的看法；另一方面，设计一套类似贬值危机的用于预测人民币升值型危机的 EWS 迄今仍无人问津。本章利用 Kaminsky 等（1998）的信号方法尝试建立一个人民币升值型危机的 EWS[1]。本章借鉴已有的货币危机 EWS 的研究，首先界定并识别了 1995 年 1 月至 2007 年 12 月人民币升值型危机，然后利用 Eichengreen 等（1994、1995）的事件研究方法考察了升值

---

[1] 人民币升值型危机指的是在升值压力背景下，中国所出现的人民币汇率形成机制的调整、改革或人民币法定升值或外汇储备的大幅度增长等事件。

型危机前后中国的宏观经济特征，最后在已有解释人民币升值的理论基础上，构建一个人民币升值型危机的 EWS。研究发现，实际消费增长、银行体系的货币错配状况、国内信贷增长、银行存款的变化和财务杠杆、出口和贸易开放程度等指标对升值型危机具有极强的预警能力；短期资本流动、FDI 资金流动、实际汇率和贸易条件等指标也对升值型危机有着较高的预警能力。样本外检验表明，我们设计的 EWS 较成功地预测了 2010 年 6 月的汇率形成机制的调整，这说明我们建立的 EWS 应能成为一种有用的宏观经济的分析和诊断工具。

本章可能的贡献有：一是利用已有的界定和识别贬值型危机的方法经验地界定和识别了人民币升值型危机，提出并建立了一套人民币升值危机的 EWS；二是在人民币升值型危机的界定和识别上，对权重设计和临界值的选择等做了敏感性分析，结果发现不同的权重设计并不影响危机识别，但临界值的选择可能会影响到部分升值型危机的识别；三是在变量选择上，我们选择了包括中国银行业部门的货币错配、资产负债表及银行业体系稳定性指数在内的指标，这些第三代货币危机理论所强调的重要因素在已有研究中还没有得到重视。

第一节　人民币升值型货币危机：界定、识别与事实

本节首先说明数据来源及处理，然后界定人民币升值型危机，并利用第二类危机界定方法提出人民币升值型危机的经验识别方法，最后考虑不同的权重设计和临界值进行稳健性检验。

一、数据[①]

本章的样本期为 1993 年 1 月至 2012 年 10 月。关于数据和样本有几点说明：一是对于数据百分比变化，我们没有采用对数差分方法，而直接使用了百分比变化的定义计算[②]。之所以采用这种方法，在文献回顾部分已经扼要陈述了。这里再举例作补充说明。例如，1994 年 1 月至 2012 年 10 月，用对数差分方法计算的国内信贷的变化均值为 16.69%，而直接使用百分比定义计算的结果为 18.35%，二者相差 1.66 个百分点。考虑到这种差异，我们使用百分比变化的定义计算变量的百分比变化。二是国内外产出指标在样本期内只有季度数据，我们利用 EViews 的数据频度转换算法（quadratic – match sum）将季度数据转换为

---

① 数据来源及处理方法，参见附录 A－2。
② 部分指标例外，如超额实际 M_1 余额和实际汇率对趋势值的偏离等。

月度数据。还有部分指标的部分月度数据缺失,我们采用简单算术平均的方法,将某月度前后两个月的数据均值作为该月数据的近似。三是为剔除季节因素的影响,我们遵循已有研究的做法,采用 12 个月的百分比变化数据。即在计算某一指标的百分比变化时,我们计算的是某一月相比于上年同月的变化①。四是已有研究表明,银行危机能在一定程度上预测货币危机,因此纳入银行危机这一虚拟变量是有必要的。但是考虑到中国银行业国有背景和政府隐性担保及迄今并未发生大规模银行破产倒闭的特殊现实,我们借鉴 Kibritcioglu(2002)的方法编制了一个银行稳定性指数,以此粗略反映中国银行业系统的稳定情况或银行危机发生的可能性。之所以粗略反映,是因为我们难以收集到中国银行业不良贷款指标,因此在编制该指数时仅仅考虑了银行业贷款和存款两个方面。五是为检验所建立的预警系统的预警效果,本章将样本划分为两个时期,即 1993 年 1 月至 2007 年 12 月和 2008 年 1 月至 2011 年 9 月,并将第二个子样本作为预警效果的样本外检验时期。其中,第一个子样本包括 2005 年 7 月的人民币汇率形成机制改革,第二个样本则包括 2010 年 6 月的人民币汇率形成机制的调整。这样,第二个样本期中正好有一次人民币汇率机制调整满足了我们样本外检验的目的。

二、升值型危机的定义、界定及临界值与权重的选择

从对货币危机的经验定义可见,成功的投机冲击会导致一国汇率贬值,被迫放弃固定汇率制度而实行浮动汇率制度。而若一国成功地击退投机攻击,那么一国将出现储备的大幅度下跌。这两种情形都是贬值型危机的应有之义。与此类似,我们将中国货币面临升值压力时出现的汇率的法定调整或汇率形成机制的调整或储备的大幅度增长都定义为人民币升值型危机②。与第二类货币危机定义类似,本章遵循第三章的处理方法,利用非模型依赖的 EMP 指数来定义人民币升值型危机。首先定义人民币 EMP 指数如下:

$$EMP_t = w_s \Delta s_t - w_r \Delta r_t \qquad (4-1)$$

式中,Δs_t 和 Δr_t 的含义同前;w_s 和 w_r 分别为汇率变化和储备变化的权重。我们没有考虑中国人民银行通过利率渠道实施的间接干预,这是因为虽然中国在 20 世纪末基本实现了货币市场利率的市场化,但是中长期利率还没有放开,不存在

---

① 部分指标例外,如在计算 EMP 时,汇率和储备的变化都是采用的环比百分比变化,而非 12 个月的百分比变化。

② 余维彬(2009)也将大规模的人民币升值冲击定义为升值危机。

畅顺的利率期限结构和利率传导机制。

其次，对人民币汇率和储备的百分比变化，我们通过观测其时间序列图形，没有发现这两个序列具有显著的波动集群性，因此我们采用不变权重假设。对于权重设计，我们考虑了两种方案。第一种方案来自 Stavarek（2007）：

$$w_i = \frac{\dfrac{1}{\sigma_i}}{\dfrac{1}{\sigma_s} + \dfrac{1}{\sigma_r}}(i = s, r)$$

式中，σ_s 和 σ_r 分别为汇率变化和储备变化的样本标准差。第二种方案来自 Sachs 等（1996）和 Kaminsky 等（1998）等：

$$w_s = 1, w_r = \frac{\sigma_s}{\sigma_r}$$

最后，我们选择 $k = 1.5$ 作为临界值，同时考虑了 $k = 2.0$、2.5 和 3.0 等情形。若 $EMP_t < \mu - 1.5\sigma$，且 $EMP_t < 0$，那么视为发生了一次人民币升值型危机。我们设定的危机剔除窗口为 12 个月。如果 12 个月内连续发生 2 次或 2 次以上的升值型危机，都视为最先发生的升值型危机的延续，即都视为一次升值型危机[①]。估计的结果表明，利用两种权重估计的 EMP 指数是完全正相关的，且样本期内两种权重估计的人民币 EMP 都基本低于零，表明人民币存在持续的升值压力（见图 4 - 1）。但无论采用哪一种权重设计机制，不同临界值下识别出的升

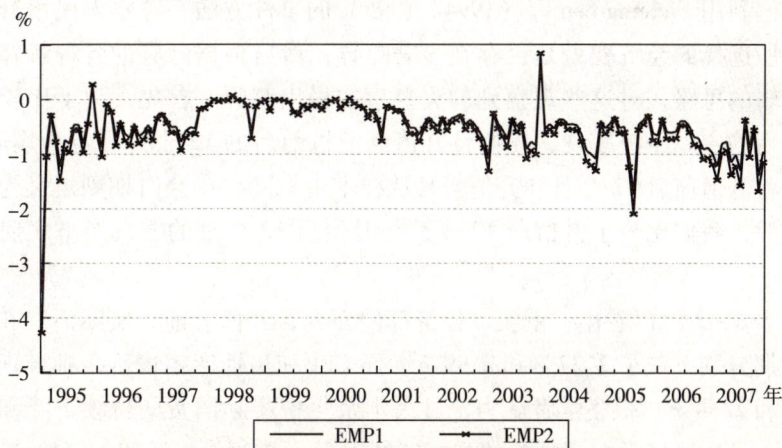

注：EMP1 和 EMP2 分别对应权重 1 和 2 所估计的 EMP 指数。

图 4 - 1 人民币 EMP 指数（1995 年 1 月至 2007 年 12 月）

---

① 我们还考虑了 18 个月和 24 个月的剔除窗口，结论没有受到显著影响。

值型危机是完全一致的（见表 4 - 1）。因此，两种不同的权重设计对升值型危机识别并没有影响，但是，临界值的选择却会显著影响升值型危机的识别。考虑到样本期限制，我们选择 $k = 2.5$ 作为临界值，如此，我们共识别了 2 次升值型危机（见表 4 - 1）。

表 4 - 1   中国升值型危机的识别（1995 年 1 月至 2007 年 12 月）

临界值	权重1	权重2
	1995 年 1 月	1995 年 1 月
$k = 1.5$	2005 年 8 月	2005 年 8 月
	2007 年 2 月	2007 年 2 月
	1995 年 1 月	1995 年 1 月
$k = 2.0$	2005 年 8 月	2005 年 8 月
	2007 年 7 月	2007 年 7 月
	1995 年 1 月	1995 年 1 月
$k = 2.5$	2005 年 8 月	2005 年 8 月
$k = 3.0$	1995 年 1 月	1995 年 1 月

注：危机剔除窗口为 12 个月（考虑 18 个月和 24 个月的剔除窗口也不影响结论）。

三、人民币升值型危机的特征事实与理论解释

我们利用 Eichengreen 等（1994、1995）的事件方法，考察人民币升值型危机前后所选择的经济变量是否存在显著差异，然后根据已有的各种解释人民币升值逻辑的思路，对这些观察到的典型事实做出解释。首先，为了比较升值型危机前后的宏观经济表现，我们将升值型危机前后的 12 个月界定为剔除窗口；其次，将升值前后 12 个月和升值当月从样本中剔除，剩余时期则定义为正常时期；最后，我们比较了升值前 12 个月与升值后 12 个月的宏观经济表现（见表 4 - 2)[①]。

从表 4 - 2 可以看出，就实体经济部门而言，升值之前，实际消费和产出较正常时期分别下跌了 2.27% 和 2.99%，而 CPI 和房地产销售价格则分别上涨了 0.91% 和 2.44%。很多学者认为，过去十余年中实际消费的持续下降和储蓄的持续增长是中国经常账户顺差的重要解释因素（樊纲等，2009；郭树清，2007；

---

① 我们还选择了 24 个月作为剔除窗口以检验结论的稳健性。我们发现，除了贷款/存款利率、股票交易量、预算赤字/GDP、超额实际 M_1、进口增长和实际汇率等 6 个指标的符号与以 12 个月作为剔除窗口得到的结果相反外，其余指标的符号没有变化。总体而言，这些经验观察的结果是稳健的。

林桂军等，2008；赵文军、于津平，2008）。实际消费的持续低迷不仅在一定程度上导致了贸易的扩张，而且对中国经济的增长带来了负面的冲击，这种实际产出的减缓则会进一步导致贸易顺差的增长（许雄奇等，2006）。于是，贸易顺差和资本与金融账户的顺差在事实上的固定汇率制度下不仅导致了货币升值的压力，而且带来了货币供给的被动扩张，由此导致了价格水平的上涨。

对公共部门而言，升值型危机发生前，预算赤字/GDP 和预算赤字的增长都低于正常时期。从开放经济恒等式 CA =（S_p - I）+（T - G）考察（其中，CA 为经常账户余额，S_p 为私人部门储蓄，I 为投资，T - G 为政府预算盈余），如果从等式的右边到左边存在因果关系的话，那么，政府预算赤字的下降或预算赤字增长的减缓确实能导致贸易顺差。实际上，对很多经济体的经验观察也发现，贸易逆差常常是与预算赤字相伴而生的。但是，部分经验证据并不支持这种理论的推测和简单的经验观察（许雄奇等，2006）。

表 4 - 2　　升值型危机的宏观经济特征（1994 年 1 月至 2007 年 12 月）

指标	升值前 12 个月	升值后 12 个月	指标	升值前 12 个月	升值后 12 个月
实际 GDP 增长	- 2.99	- 0.24	储备货币增长	6.03	- 1.93
CPI	0.91	0.11	超额实际 M_1	- 1.52	4.85
实际消费增长	- 2.27	2.29	M_2 乘数	- 0.50	- 0.24
净外币资产增长	11.64	5.87	M_2/外汇储备	3.29	1.10
贷款/存款利率	- 6.21	2.77	外汇储备增长	31.22	25.70
实际利率	1.41	2.44	出口增长	10.35	1.59
国内信贷增长	1.11	0.42	进口增长	- 0.91	1.31
银行存款增长	5.50	7.90	实际汇率	1.35	0.28
银行贷款增长	0.95	- 0.02	实际利差	3.43	3.25
上海股票价格	- 90.06	- 57.78	国外产出增长	0.85	- 0.10
深圳股票价格	- 104.62	- 80.95	贸易余额/GDP	- 2.54	- 1.31
股票交易量	- 84.47	4.97	贸易开放度	1.17	- 0.43
银行财务杠杆	0.68	0.09	贸易条件变化	25.13	- 10.34
银行稳定指数	0.36	0.43	短期资本流动	208.62	87.94
预算赤字/GDP	- 0.21	- 0.36	FDI 增长	- 9.49	1.42

注：剔除窗口为 12 个月。

在人民币升值背景下，中国人民银行在汇率问题上一直保持了主动性、可控性及渐进性的原则，这导致中国基础货币的被动扩张，同时也导致对银行部门债权的不断收缩。于是，升值型危机前，储备货币的增长比正常时期高出6.03%，M_2/外汇储备比正常时期高出3.29%。但是，超额实际 M_1 和 M_2 乘数的变化却并不符合这种逻辑的推论。

除了消费不足、储蓄持续增长的解释外，另一种观点解释能力似乎更强。这种观点通过中国对外资特别是 FDI 资金的利用来解释中国经常账户与资本与金融账户的同时顺差现象。这种观点认为，过去十余年中，中央和地方政府给予的外资优惠待遇和低廉的劳动力成本吸引了 FDI 资金持续流入中国，这些 FDI 资金集中在劳动密集型产业，其出口的加工贸易产品不仅促进了贸易顺差的积累，而且导致资本与金融账户的顺差（黄志刚，2009；余永定和覃东海，2006）。在事实上的固定汇率制度下，外汇储备的增长即成为逻辑的结果，由表4－2可见，外汇储备在升值型危机发生前比正常时期增长了30%，出口的增长也比正常时期高出10%以上。但是，FDI 资金的流动和贸易余额/GDP 两个指标似乎并不符合这种极具解释力且广为接受的理论的预测，FDI 资金流入的变化在升值型危机前比正常时期低了9.50%，而贸易余额/GDP 也比正常时期低了2.54%。

值得注意的是，无论是采用 12 个月还是 24 个月的剔除窗口的观察都表明，短期资本流入的增长在升值型危机之前是远高于正常时期的。在人民币渐进升值背景下，单边的升值预期引起了短期资金的持续流入，这种受升值预期影响的短期资金的持续流入显然进一步加剧了货币升值的压力。

就实际汇率与货币升值的关系而言，部分学者认为，中国 1994 年汇率并轨以来人为地低估了人民币汇率，这是导致经常账户持续顺差的重要原因。但我们的经验观察结果对此并不能给出一致的结论：采用 12 个月的剔除窗口得到的结果不符合这种理论推测，但采用 24 个月剔除窗口得到的结果则支持这一理论假说。

到目前为止，国内外学者还没有充分注意到银行体系在中国货币升值过程中的作用。我们的经验观察表明，货币升值型危机发生前，银行体系的净外币资产增长、实际利率、国内信贷增长、存款增长、贷款增长、银行财务杠杆和稳定指数都高于正常时期。

第二节　人民币升值型货币危机的 EWS

本节利用信号方法建立人民币升值型危机的 EWS。首先说明信号法的基本步骤，然后选择人民币升值型危机的预警指标，并利用信号法遴选出具有较好预警效果的指标，最后建立人民币升值型危机的 EWS，并进行样本内和样本外检验。

一、信号法的基本思想

Kaminsky 等（1998）、Kaminsky 和 Reinhart（1999）以及 Kaminsky（1999）提出的货币危机 EWS 的信号方法是一种非参数方法，它首先涉及对所选择的一系列经济指标的监测。一旦某个指标偏离其"正常"水平达到了选定的临界值时，就视为在特定危机窗口中发出了可能发生危机的预警信号。在信号法中，临界值的选择是一个关键问题。Kaminsky 等（1998）的做法是，在发送错误信号的风险与错失发送危机信号的风险两者之间寻找一个折中，然后在此基础上选择临界值。对于每一个指标，Kaminsky 等（1998）采取如下程序来获得最优的临界值：首先，他们利用每个指标观测值分布的百分位来定义临界值。例如，对于进口增长率，可能设定该指标样本观测值的 10% 作为临界值，然后放宽 10% 这个人为设定的百分位到 20%，重复设定临界值，最后选择一个最优的临界值。这个选定的最优临界值能最小化噪音信号比（noise-to-signal ratio），即错误信号与好的信号的比率。

该方法有六个步骤：一是界定危机；二是选择潜在的可能预测危机的经济指标；三是确定信号发送时期；四是临界值的选择；五是对信号方法有效性的判断；六是利用超前概率来判断 EWS 的预警能力。

二、人民币升值型货币危机的 EWS 构建

根据上述六个步骤，结合信号法的基本思想，我们构建了人民币升值型危机的 EWS，现一一论述如次：

1. 界定人民币升值型危机。本章第二节已作说明，此处不再赘述。

2. 选择潜在的预警指标。根据第一部分货币危机 EWS 方面的研究结论及对人民币升值形成机制的理论分析，我们选择了 4 类 30 个指标，包括：（1）实体经济变量；（2）金融部门变量；（3）公共部门（含货币当局）变量；（4）国际

收支与国外变量。

3. 确定信号发送时期。Kaminsky 等（1998）及大部分信号法的研究都定义为 24 个月（Yap，1998；Berg 和 Pattilo，1999b；Kaminsky，1999；Kaminsky 和 Reinhart，1999；Moreno，1999；Edison，2003；Alvarez - Plata 和 Schrooten，2004；Peng 和 Bajona，2008）。如果某指标发出信号后 24 个月内发生了危机，那么该信号就是一个好的信号，如果信号发出后的 24 个月内没有发生危机，那么该信号就是一个错误信号，或者说是一个噪音。我们遵循这一惯例，以 24 个月作为信号发送时期。

4. 最优临界值的选择。采用信号法的研究大都采用了 Kaminsky 等（1998）的数据和变量集，因此也选择了其所选择的临界值。但是，由于我们选择的变量范围远大于 Kaminsky 等（1998），并且跨国的各变量的临界值并不适合中国的升值问题，因此，与 Edison（2003）的做法一致，我们直接利用信号法对临界值的定义来寻找最优临界值。对某一指标 x，如果 $x >$ 均值 $+ \varphi$ 标准差，或 $x <$ 均值 $- \varphi$ 标准差①，那么就认为该指标发出了一个信号。为了设定最优临界值，我们对系数 φ 做敏感性分析，搜索并选择最小的噪音信号比所对应的 φ 值作为最优临界值（见表 4 - 3）。

表 4 - 3　升值型危机预警指标的临界值选择（1994 年 1 月至 2007 年 12 月）

指标	临界值	指标	临界值
实际 GDP 增长	1.37	M_2 乘数	0.62
CPI	1.94	M_2/外汇储备	0.96
实际消费增长	2.41	外汇储备增长	2.65
净外币资产增长	1.55	出口增长	2.215

---

① 至于某一变量是超过其均值加一定倍数的标准差或是减一定倍数的标准差，我们首先根据第三部分的理论分析来判断，对理论分析没有覆盖的变量（包括贷款/存款利率、实际利率、银行存款增长、股票交易量、银行稳定指数、进口增长、实际利差、贸易开放度和贸易条件 9 个指标），我们根据货币升值前该指标的符号进行判断。但在研究人民币升值型危机前后的宏观经济特征时，我们选择了 12 个月和 24 个月作为剔除窗口，我们发现包括贷款/存款利率、股票交易量和进口增长在内的 3 个指标在不同的窗口情形下符号出现了根本变化。为此，我们同时考虑了超过均值加一定倍数的标准差和减一定倍数的标准差两种情形，结果发现，这 3 个指标在两种情形下得到的最优临界值是不同的。对此，我们做了进一步的考察。对股票交易量而言，第一章回顾的 25 篇文献中仅有 1 篇文献考虑这个指标，且统计上也不显著，因此，我们将它从预警指标中剔除；对贷款/存款利率指标，我们既不能在理论上判断其符号，也无法在经验证据中找到一致的结论，并且由于中国的存贷款利率并未市场化，不具有先行指标或预警指标的性质，因此，我们也将它从预警指标中剔除；对进口增长指标，我们的文献回顾表明，在 11 篇考虑进口增长的文献中，统计上显著的研究数量为零。鉴于此，我们也将进口增长从预警指标中剔除。

续表

指标	临界值	指标	临界值
实际利率	0.55	实际汇率	0.01
国内信贷增长	2.65	实际利差	0.00
银行存款增长	3.01	国外产出增长	0.03
银行贷款增长	0.04	贸易余额/GDP	0.01
银行财务杠杆	1.78	贸易开放度	2.45
银行业稳定指数	1.29	贸易条件变化	1.89
预算赤字/GDP	2.64	短期资本流动	0.155
储备货币增长率	1.90	FDI 增长	1.75
超额实际 M1	1.38		

资料来源：作者计算。

5. 判断指标的预警能力。信号法分别给出了单一指标和一系列指标集来判断预警能力的方法。对单一指标的预警能力，Kaminsky 等（1998）利用如下矩阵来设计判断方法（见表 4-4）。根据表 4-4，一个好的指标理论上只应产生落在该矩阵西北方和东南方的结果。即一个好的指标应该有：A > 0，C = 0 且 B = 0，D > 0。由该表 Kaminsky 等（1998）提出了几种评价指标预警效果好坏的判断标准。

标准 1：A/（A + C）。这个指标反映了在本应发送信号的所有情况中，指标发送出好的信号的比率。该比重越高，该指标的预警效果越好。

标准 2：B/（B + D）。这个指标表示在没有危机发生的情况下，指标发出噪音的比重。显然，该指标越小越好。

标准 3：[B/（B + D）]/[A/（A + C）]，又称噪音信号比。该比率反映了某一指标发送好的信号且避免发送坏的信号的信息。数值越低，说明指标的预警功能越好。

其他两个标准可参见表 4-5 注释的说明。

表 4-4　　　　　　　　　信号矩阵

	发生危机（24 个月内）	没有发生危机（24 个月内）
发送信号	A	B
没有发送信号	C	D

注：A 是某一指标发送出好的信号的月份数量；B 是某一指标发送了坏的信号或噪音的月份数量；C 是某一指标本应发出信号但是没有能发送任何信号的月份数量；D 是指标没有发送信号的月份数量。

资料来源：Kaminsky 等（1998）。

最后，根据选择的最优临界值，我们计算了每个指标的预警能力（见表4-5）。从表4-5第2列所列标准1来看，国外产出增长、M_2乘数、实际利差和银行贷款增长等指标发送好的信号的能力最强；而国内信贷、银行存款增长、预算赤字、出口、实际消费等指标发出好的信号的能力较差。从第3列给出的信息看，CPI、实际消费、净外币资产、国内信贷增长等11个指标表现最好。综合来看，实际利率和贸易余额/GDP 2个指标的噪音信号比高于1，应从预警指标中剔除。另外，在计算最优临界值的过程中，上海股票价格和深圳股票价格2个指标因数据缺失而无法计算其噪音信号比，因此也从预警指标中剔除。加上剔除的进口增长、贷款/存款利率变化和股票交易量3个指标，这样，我们共得到23个噪音信号比小于1的预警指标。

表4-5　　升值型危机指标的预警表现（1994年1月至2007年12月）

指标	A/(A+C)	B/(B+D)	P（危机/信号）	[B/(B+D)]/[A/(A+C)]	P（危机/信号）－P（危机）
实际GDP增长	21.28	2.48	76.92	0.12	76.64
CPI	12.77	0.00	100.00	0.00	99.72
实际消费增长	4.26	0.00	100.00	0.00	99.72
净外币资产增长	17.65	0.00	100.00	0.00	99.60
实际利率	27.66	29.75	26.53	1.08	26.25
国内信贷增长	2.13	0.00	100.00	0.00	99.72
银行存款增长	2.13	0.00	100.00	0.00	99.72
银行贷款增长	63.83	26.45	48.39	0.41	48.11
银行财务杠杆	23.40	0.00	100.00	0.00	99.72
银行稳定指数	17.02	9.09	42.11	0.53	41.83
预算赤字/GDP	4.26	1.65	50.00	0.39	49.72
储备货币增长率	14.89	0.00	100.00	0.00	99.72
超额实际M_1	17.02	7.44	47.06	0.44	46.78
M_2乘数	61.70	23.97	50.00	0.39	49.72
M_2/外汇储备	27.66	0.00	100.00	0.00	99.72
外汇储备增长	8.51	0.00	100.00	0.00	99.72
出口增长	2.13	0.00	100.00	0.00	99.72
实际汇率	65.96	49.59	34.07	0.75	33.79
实际利差	61.70	41.32	36.71	0.67	36.43
国外产出增长	55.32	45.45	32.10	0.82	31.82

续表

指标	A/(A+C)	B/(B+D)	P （危机/信号）	[B/(B+D)]/ [A/(A+C)]	P（危机/信号）- P（危机）
贸易余额/GDP	29.79	51.24	18.42	1.72	18.14
贸易开放度	4.26	0.00	100.00	0.00	99.72
贸易条件变化	12.77	0.83	85.71	0.06	85.43
短期资本流动	17.39	10.74	38.10	0.62	37.82
FDI 增长	8.82	1.16	75.00	0.13	74.72

注：1. P（危机/信号）= A/(A+B)，P（危机）=（A+C）/（A+B+C+D），详见 Kaminsky 等（1998）。

2. 除了噪音信号比指标外，所有指标的单位都是%。

6. EWS 的预警能力检验。利用获得的具有较强预警能力的指标，Kaminsky 等（1998）提出了四种方法来判断 EWS 的预警能力。我们选择其中两种方法来构建评估发生人民币升值型危机可能性的指数。Kaminsky 等（1998）给出的第一个指标非常直观，即跟踪记录某一时期经济中不同部门发出的危机信号即可。显然，发出的信号越多，那么发生危机的可能性也就越高。第一个综合指标（composite crisis indicator）定义如下：

$$I_t^1 = \sum_{j=1}^{n} S_t^j$$

如果在 t 期，某一变量 j 超过其临界值，那么记 $S_t^j = 1$，否则为零。这个指标其实就是把某一时期发出的信号全部加总得到的。

该指标虽简明扼要，但是我们应注意到，很多变量发送的信号可能是错误的，这类信号并不能有效地充当预警信息。因此，一个合理的修正方法是，将预测能力更强的指标所发送的信号赋予更大的权重，而这个权重可以用该指标的噪音信号比来反映。于是，得到第二个综合指标。

$$I_t^2 = \sum_{j=1}^{n} \frac{S_t^j}{w_j}$$

式中，w_j 为变量 j 的噪音信号比。

尽管这两个指标能为我们提供未来发生货币升值型危机的相关信息，但是从这些指标中难以推断升值型危机可能发生的概率。信号方法利用这两个综合指标构建了未来发生危机概率的测算方法，其公式如下：

$$P(C_{t,t+24} \mid I_i^2 < I_t^2 < I_j^2) = \frac{I_i^2 < I_t^2 < I_j^2 \text{ 且 24 个月内发生危机的月数}}{I_i^2 < I_t^2 < I_j^2 \text{ 的月数}}$$

式中，P（.）为概率；$C_{t,t+24}$为在 24 个月内发生的危机；I_t^1 的含义同上；I_i^2 和 I_j^2 分别为 I_t^2 指数的上限和下限。$P(C_{t,t+24}|I_i^2 < I_t^2 < I_j^2)$ 就表示在给定 I_t^2 落在上下限之间时，未来 24 个月内发生危机的概率。

根据所选择的 23 个具有较好预警能力的指标，我们计算了综合指标 I_t^1 和 I_t^2。但在计算第二个综合指标时，我们做了一定的修正。原因在于，经验估计中很多指标的噪音信号比为零，不能直接应用 I_t^2 指标的估计公式。我们因此使用 $P = P$（危机/信号）－P（危机）指标作为权重［P（危机/信号）＝A／（A＋B），P（危机）＝（A＋C）／（A＋B＋C＋D）］，该数值越高，所对应的噪音信号比越低，说明指标的预警效果越好。修正后的 I_t^2 公式为

$$I_t^2 = \sum_{j=1}^{n} S_t^j P_j$$

最后，根据危机概率公式，我们计算了人民币升值型危机发生的概率。

1. 样本内检验。就人民币升值型危机而言，样本期内两个综合指标在 1994 年 1 月至 1995 年 1 月持续居高不下，超前 24 个月的预警概率也居高不下，但该时期及随后两年之中，中国并未发生人民币汇率形成机制的调整（见图 4－2、图 4－3）。2003 年后，两个综合预警指标再次持续上行，在经历 2004 年的短暂低迷之后，于 2004 年底、2005 年初又开始持续上升（见图 4－2）。而超前 24 个月的升值型危机预警概率也于 2004 年下半年后开始攀升（见图 4－3）。因此，无论是综合预警指标还是 24 个月的超前概率都在不断发出人民币升值的信号。在随后的 2005 年 7 月 21 日，我们也确实观测到了人民币汇率形成机制的改革。

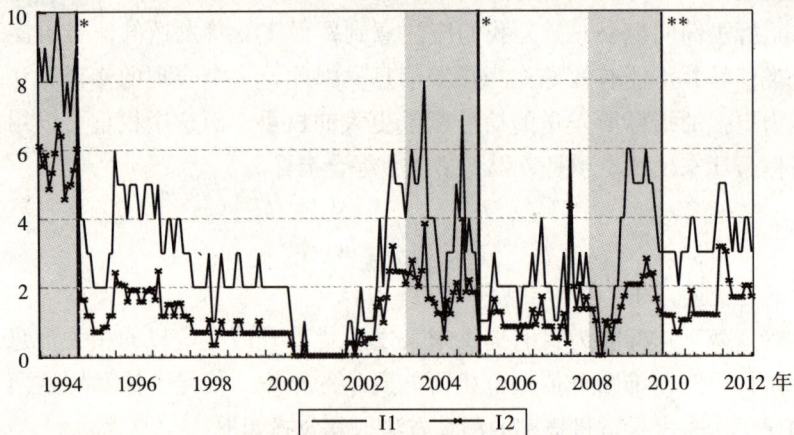

注：I1 和 I2 分别表示升值型危机的两个综合指标。

图 4－2　升值型危机综合指数（1994 年 1 月至 2012 年 10 月）

2. 样本外预警效果。我们将 2008 年 1 月至 2012 年 10 月作为检验样本外预警效果和能力的子样本期。从图 4-2 容易看出，在 2010 年 6 月人民币汇率形成机制调整之前的 24 个月中，两个综合预警指标都逐渐攀升，提前发出了预警。超前 24 个月的升值型危机概率也从 2009 年 4 月开始逐步上升，从 2.67% 升至 2009 年 5 月的 22.22%，随后跃升至 34.78%。因此，无论是预警指标还是超前概率的变化都预示着随后 24 个月内存在汇率形成机制调整的可能。这在一定程度上证明我们所设计的 EWS 具有较好的预警作用。

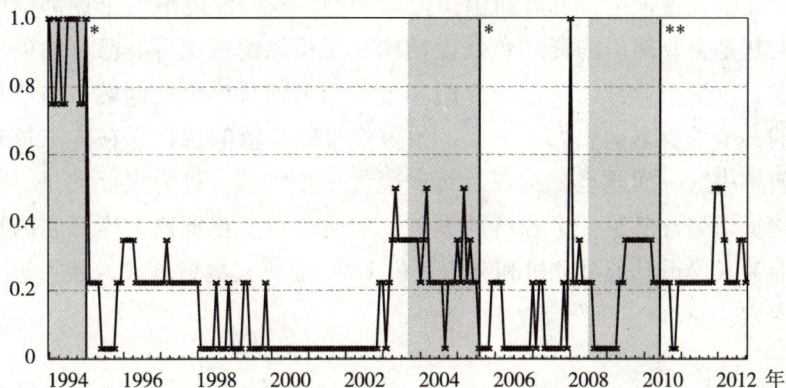

注：＊表示本书所界定和识别的人民币升值型危机时间，＊＊表示样本外预测时实际发生的人民币升值型危机。

图 4-3 超前 24 个月的升值型危机概率（1994 年 1 月至 2012 年 10 月）

本章小结

本章利用 1993 年 1 月至 2012 年 10 月的月度数据考察了中国的货币升值问题。在文献回顾的基础上，我们界定并识别了人民币升值型危机，考察了人民币升值型危机发生前后的宏观经济特征，并在此基础上利用信号方法建立了人民币升值型危机的 EWS。我们发现，中国货币升值前实际产出和实际消费的增长低于正常时期，银行部门的主要指标在升值型危机发生前均高于正常时期，反映国际收支状况和货币当局的主要经济指标在升值型危机发生前也大都高于正常时期，而财政状况在升值型危机前的表现则低于正常时期。这些经验的观察说明，中国货币升值问题是一个不同于贬值型货币危机的独特案例，需要我们做进一步的理论考察和分析。

我们发现，CPI、实际产出、实际消费、净外币资产、银行存款、银行财务杠杆、储备货币、M_2/外汇储备、外汇储备、出口、贸易开放度和贸易条件等指标对升值型危机具有极强的预警能力，而银行业体系的净外币资产、资本结构（股权/总资产）及银行业稳定指数等反映银行体系运行的指标和短期资本流动对危机也具有较好的预警能力。这说明我们在监控人民币汇率问题时，应考虑这些因素的影响。在危机预测方面，我们设计的货币升值的 EWS 较为成功地预测到了 2005 年 7 月的汇率形成机制改革。样本外检验也表明，这一预警系统具有良好的预警能力和效果，可以作为中国宏观经济分析和诊断的工具。

但是在研究过程中，一方面由于数据问题，我们没能纳入企业部门的微观数据，尤其是企业部门的资产负债表结构和货币错配情况等。已有的第三代危机理论尤其重视企业部门、银行部门和公共部门的货币错配问题，这应构成后续研究的一个重要方向。另一方面，预警信号临界值的选择存在样本依赖的问题，如何解决这一问题也将构成后续研究的一个尝试。更为重要的是，如前所述，中国货币的升值是一个独特的案例，如何进一步在理论上诠释它的形成机理，从而为人民币升值型危机和升值危机 EWS 的研究奠定基础，还需进一步的尝试和探索。

第五章　政治压力与货币危机预警

近十余年来的人民币升值压力不仅来自中国持续的经济增长和国际收支顺差，而且也受到国际社会要求人民币升值的政治压力的影响。Yam（2006）指出，"近来，对中国政府汇率问题的政治压力持续增加。"伴随着外部政治压力的持续发酵，人民币兑美元的汇率也持续走高，从2005年7月汇率形成机制改革前的8.27升值至2013年底的6.0969，升值超过26%。表面上看来，不断强化的政治压力似乎助推了人民币升值。那么，政治压力是否真的是导致人民币持续升值的一个重要原因？如果政治压力确实促进了人民币升值，那么它是否可以作为人民币升值危机的一个预警指标？

为了回答这两个问题，本章尝试编制政治压力指数，并利用时间序列VAR模型考察政治压力对人民币汇率的影响，在此基础上，利用probit模型建立升值危机的EWS。本章的研究发现，政治压力确实助推了人民币升值，但来自外部的政治压力无助于预测或预警升值型货币危机。

第一节　政治压力导致了人民币升值吗

经济学家很早就注意到政治压力对汇率的影响，但这些早期的研究主要关注的是一国国内不同的利益集团对货币汇率施加的影响（Frieden，1991、1994；Faia等，2008），并没有注意到来自一国外部的政治压力的影响。伴随着人民币升值问题的争议和讨论，国内外越来越多的学者开始注意到这一现象对于学术研究的重要意义，并热衷于讨论外部政治压力对人民币汇率的影响。这些研究按其结论来看可分为三类：一类研究认为，短期内，外部政治压力显著影响了人民币汇率，是推动人民币升值的重要因素（李子联，2011；肖文、潘家栋，2013；Liu和Pauwels，2014），另一类研究则认为，外部政治压力并不能显著影响人民币汇率（刘涛、周继忠，2011），最后一类研究则认为，来自美国的外部政治压力不仅没有加快人民币升值的步伐，反而降低了人民币升值的速度（Ramirez, 2013）。

本节在已有研究基础上，利用 Maier 等（2002）的方法构建人民币升值的政治压力指数（PPI），然后利用时间序列计量方法考察政治压力对人民币汇率的影响，为下一节建立纳入政治压力因素的升值危机 EWS 奠定基础。

一、测算政治压力

为了考察外部政治压力对人民币汇率的影响，我们首先需要测算这种政治压力。Harrilesky（1995）最早提出了量化政治压力的方法。为了考察政客对联储政策的影响，Harrilesky（1995）统计了政客在报纸上发表的对货币政策态度和偏好的报道，在此基础上构建了政客对中央银行施加的政治压力大小。如果报道要求中央银行实施更为宽松的货币政策，那么就赋值为 1；反之，如果要求实施更为紧缩的政策，那么就赋值为 - 1，通过加总每个月中的所有报道，就得到月度的政治压力指数，Harrilesky（1995）将这个指数命名为 SAFER 指数。在 Harrilesky（1995）研究的基础上，Maier 等（2002）对利益集团做了更细致的划分，针对每一个利益集团的货币政策偏好构建了压力指数，从而拓展了这个方法[①]。

我们借鉴 Harrilesky（1995）和 Maier 等（2002）的方法构建了来自外部的要求人民币升值的政治压力指数（Political Pressure Index, PPI）。首先，我们利用和讯财经引擎 http://search. caixun. com 搜索如下四个关键词：人民币、升值、中国汇率和汇率制度。搜索的时间区间设置为 2005 年 8 月 1 日至 2012 年 10 月 31 日。其次，我们逐条浏览并核实报道内容，如果报道中涉及国外或境外要求人民币升值或要求中国实施更有弹性的汇率制度等内容的，即赋值为 1；反之，如果报道并不要求人民币升值或反对升值的，则赋值为 0。再次，我们按月加总所有虚拟变量，得到月度的政治压力指数公式：

$$PPI = \sum_{t=1}^{T} PPI_t$$

式中，PPI_t 为一个月内每一天中要求或反对人民币升值的报道数量。最后，对要求人民币升值的政治压力进行区分，将来自美国的政治压力单独区分出来，最

---

① 这个指数构建方法有几个缺点：一是该方法假设新闻报道代表了利益集团实际的信号发送，但是除了报纸之外，利益集团还可能通过其他渠道表达其政策诉求；二是该方法意味着任何两篇报道对政策制定所施加的影响程度是相同的，这显然并不成立；三是一些人可能会故意挑起关于货币政策的讨论，这就会影响报纸中涉及货币政策报道的数量。显然，我们构建的 PPI 指数也存在类似缺陷。

终得到来自美国的政治压力指数（PPI_us）和总体的政治压力指数（PPI_total）具体见图 5 - 1。

由图 5 - 1 可见如下事实：（1）在整个样本期内，要求人民币升值的政治压力主要来自美国。美国要求人民币升值的压力指数总和占总体的政治压力指数总和的比重超过 50%。（2）要求人民币升值的政治压力经历了两涨两落：2005年汇率形成机制改革之后，要求人民币升值的政治压力持续增长，2007 年金融危机后逐渐衰退，但 2009 - 2010 年，要求人民币升值的压力重新抬头，在 2010年 6 月第二次汇率形成机制改革之后压力渐减（见图 5 - 1）。

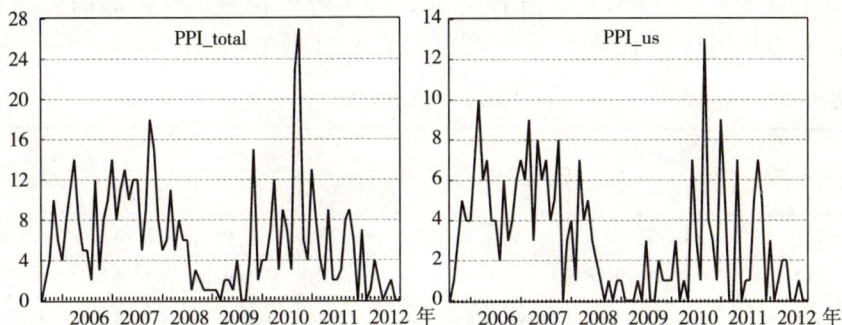

图 5 - 1　政治压力指数（2005 年 8 月至 2012 年 10 月）

二、外部政治压力推动了人民币升值吗

（一）模型与数据处理

过去十余年中，中国持续的经常账户顺差和不包括储备资产在内的资本与金融账户顺差以及持续的经济增长等因素共同促进了中国货币的升值压力。并且，由利率平价理论可知，国内外利差的变化也会引起资本的流动，进而影响本国的汇率水平。由既有研究的讨论可知，来自外部的政治压力也可能影响人民币汇率水平（李子联，2011；肖文、潘家栋，2013；Liu 和 Pauwels，2014）。基于这些考虑，我们选取了国内实际产出、国内外利差、国际收支余额和外部政治压力来考察人民币汇率的决定。我们使用无限制的 5 变量 VAR 系统来考察外部政治压力对人民币汇率的影响。

人民币汇率（EXCH）由人民币兑美元的名义汇率表示。由于中国没有月度的产出数据，我们选择用社会消费品零售总额来近似表示中国月度的 GDP。我们首先利用环比 CPI 指数计算出以 2005 年 8 月为基期的定基比 CPI 指数，然后剔除社会消费品零售总额中价格因素的影响，得到实际社会消费品零售总额表示实际 GDP，最后，我们利用 X12 法剔除季节因素对实际社会消费品零售总额的影响。我们用 1 个月期的中国银行间同业拆借利率和 1 个月期的美国联邦基金利率表示国内利率和国外利率。我们用外汇储备规模表示中国的国际收支余额，并利用 X12 法剔除季节因素对外汇储备规模的影响[①]。相关的数据来源见附录表 A - 2。

（二）平稳性检验

时间序列计量经济分析的一个重要特征是要求各个变量是平稳的，否则会导致伪回归现象，通常使用的统计推断也就无效了。因此，在展开计量分析之前，我们首先利用 ADF 方法对各变量进行单位根检验，检验的滞后阶数由 Akaike 信息准则确定（AIC），检验结果如表 5 - 1 所示[②]。

表 5 - 1 ADF 单位根检验

变量	检验类型 (C, T, P)	ADF 值	临界值			结论
			1%	5%	10%	
EXCH	(C, T, 3)	-2.63	-4.07	-3.46	-3.16	不平稳
GDP	(C, T, 2)	-1.93	-4.07	-3.46	-3.15	不平稳
BOP	(C, T, 3)	-0.43	-4.07	-3.46	-3.15	不平稳
INTD	(C, 0, 1)	-0.94	-3.51	-2.90	-2.59	不平稳
PPI_total	(C, T, 3)	-2.56	-4.07	-3.46	-3.15	不平稳
PPP_us	(C, T, 3)	-2.67	-4.07	-3.46	-3.15	不平稳
ΔEXCH	(C, 0, 4)	-3.13	-3.51	-2.90	-2.59	平稳 **
ΔGDP	(0, 0, 1)	-9.14	-3.51	-2.90	-2.59	平稳 ***
ΔBOP	(C, T, 2)	-3.33	-4.07	-3.46	-3.15	平稳 *
ΔINTD	(0, 0, 0)	-11.72	-2.59	-1.94	-1.61	平稳 ***
ΔPPI_total	(0, 0, 2)	-9.42	-2.59	-1.94	-1.61	平稳 ***
ΔPPP_us	(0, 0, 2)	-9.64	-2.59	-1.94	-1.61	平稳 ***

资料来源：EViews5.1 报告。

由表 5 - 1 可见，各变量水平值的 ADF 检验值均大于 1% - 10% 显著性水平所对应的临界值，存在一个单位根，但各变量一阶差分形式的 ADF 检验结果却表明，所有变量的一阶差分在 10% 的显著性水平上拒绝原假设，因而是平稳的。

---

① 国际收支余额是经常账户余额、资本与金融账户中的非储备部分及统计误差几个部分之和，在会计上等于官方储备交易余额的负数（Krugman 等，2012）。
② 本章计量检验采用的是 EViews 5.1 软件。

因此，表 5 - 1 的检验结果表明，各变量的水平值具有相同的单整阶数，都是 I（1）序列，这就意味着我们可以使用协整分析考察变量之间的关系。

（三）协整检验与脉冲响应分析

我们根据 VAR 模型选择的最优滞后阶数确定协整方程的最优滞后期。对于 VAR 模型的最优滞后阶数，我们根据 LR、FPE、AIC、SC 和 HQ 等信息准则，选择大多数信息准则所指向的滞后阶数作为 VAR 模型的最优滞后期（高铁梅，2006）。根据表 5 - 2 的检验结果，我们选择滞后 2 期作为 VAR 模型的最优滞后阶数，此时协整检验的最优滞后阶数为 1。

表 5 - 2　　　　　　　　　　VAR 模型最优滞后阶数的选择

滞后期	LogL	LR	FPE	AIC	SC	HQ
EXCH、GDP、BOP、INTD、PPI_total						
0	− 29. 51	NA	1. 65e − 06	0. 874	1. 024	0. 934
1	503. 0	984. 2	4. 34e − 12	− 11. 98	− 11. 08 *	− 11. 62 *
2	531. 1	48. 30 *	4. 04e − 12 *	− 12. 05 *	− 10. 40	− 11. 39
3	554. 4	37. 19	4. 30e − 12	− 12. 01	− 9. 611	− 11. 05
4	574. 8	29. 86	5. 02e − 12	− 11. 89	− 8. 743	− 10. 63
5	598. 0	31. 12	5. 60e − 12	− 11. 85	− 7. 948	− 10. 28
6	613. 8	19. 27	7. 76e − 12	− 11. 62	− 6. 967	− 9. 753
7	625. 6	12. 83	1. 25e − 11	− 11. 28	− 5. 882	− 9. 118
8	649. 3	22. 81	1. 57e − 11	− 11. 25	− 5. 100	− 8. 785
EXCH、GDP、BOP、INTD、PPI_us						
0	17. 23	NA	5. 05e − 07	− 0. 310	− 0. 160	− 0. 250
1	545. 7	976. 6	1. 47e − 12	− 13. 05	− 12. 15 *	− 12. 69 *
2	573. 9	48. 55 *	1. 37e − 12 *	− 13. 14 *	− 11. 49	− 12. 47
3	597. 2	37. 22	1. 46e − 12	− 13. 09	− 10. 69	− 12. 13
4	616. 1	27. 73	1. 76e − 12	− 12. 94	− 9. 790	− 11. 68
5	643. 6	36. 94	1. 76e − 12	− 13. 00	− 9. 104	− 11. 44
6	661. 2	21. 33	2. 34e − 12	− 12. 81	− 8. 166	− 10. 95
7	679. 9	20. 40	3. 15e − 12	− 12. 66	− 7. 257	− 10. 49
8	707. 7	26. 78	3. 57e − 12	− 12. 73	− 6. 579	− 10. 26

资料来源：EViews5. 1 报告。

确定了协整检验的最优滞后阶数后，我们利用 EViews 5. 1 软件进行 Johansen 协整检验。我们选择了包括趋势项和常数项的协整方程进行检验，这是因为 EX-

CH、GDP、BOP、PPI_total 和 PPIP_us 等变量都含有常数项和线性趋势项。检验结果如表 5 - 3 所示。由表 5 - 3 可见，本章计量检验所涉及的各变量在 5% 的显著性水平上存在 3 个协整关系，在 1% 的显著性水平上存在 2 个协整关系。因此，我们的检验结果表明，上述变量之间存在长期稳定的均衡关系，它们是联合平稳的。因此，为了避免差分所带来的长期效应的缺失和模型自由度的损失，我们可以直接使用上述变量的水平值建立 VAR（EXCH、PPI_total、INTD、GDP、BOP）和 VAR（EXCH、PPI_us、INTD、GDP、BOP）模型，并在此基础上进行脉冲响应函数分析以考察外部政治压力对人民币汇率的影响。

表 5 - 3　　　　　　　　　　　Johansen 协整检验

假设的协整关系数	特征值	迹统计量	5% 临界值	概率值（p 值）
EXCH、GDP、BOP、INTD、PPI_total				
没有协整关系*	0.526	128.8	69.82	0.000
至多 1 个*	0.309	64.60	47.86	0.001
至多 2 个*	0.206	32.82	29.80	0.022
至多 3 个	0.118	12.95	15.50	0.117
至多 4 个	0.025	2.160	3.841	0.142
EXCH、GDP、BOP、INTD、PPI_us				
没有协整关系*	0.549	135.5	69.82	0.000
至多 1 个*	0.321	67.02	47.86	0.000
至多 2 个*	0.214	33.69	29.80	0.017
至多 3 个	0.117	13.00	15.50	0.115
至多 4 个	0.027	2.310	3.841	0.129

资料来源：EViews5.1 报告。

我们已经确定了 VAR 模型的最优滞后阶数为 2（见表 5 - 2），但在进行脉冲响应函数分析之前，还应进一步检验 VAR 模型系统的稳定性。对模型的滞后结构进行检验的结果表明，模型特征多项式的根的倒数均位于单位圆内（见图 5 - 2），因此模型是稳定的，可以进行脉冲响应函数分析。

图 5 - 3 给出了脉冲响应函数分析的结果，该图描述了人民币汇率对总体政治压力（PPI_total）和来自美国的政治压力（PPI_us）一个标准差偏离的脉冲响应函数，反映了不同的外部冲击对人民币汇率的动态影响。图中实线表示相应的脉冲响应函数，虚线则表示正负两倍标准差的偏离带。

由图可见：（1）总体的政治压力（PPI_total）冲击发生后，首先导致人民

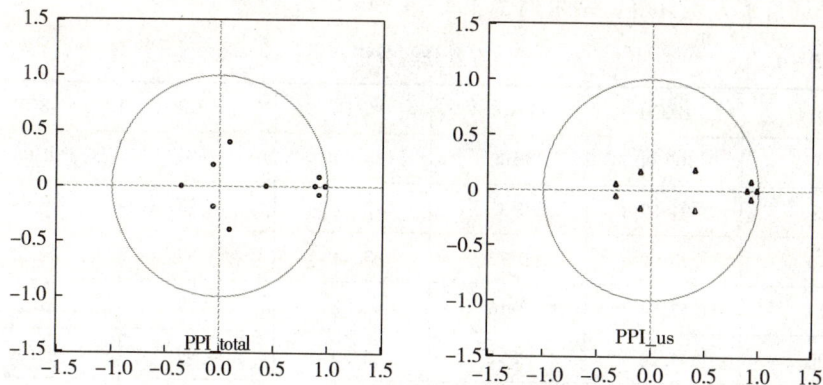

图5-2　VAR模型的稳定性检验

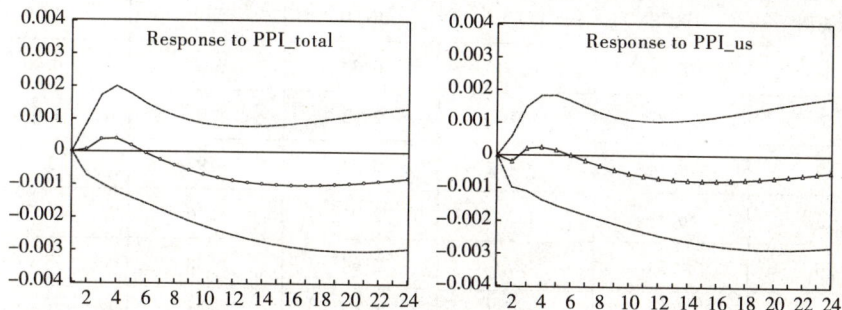

图5-3　人民币汇率对政治压力冲击的响应［VAR（5）系统］

币贬值，这种影响持续上升，在第3-4个月达到峰值后急速下降，第6个月以后，来自外部的总体政治压力（PPI_total）却导致人民币持续升值。（2）来自美国的政治压力（PPI_us）冲击发生后，导致人民币升值，且这种影响在第2个月达到最大，随后升值压力减小，在第3个月后来自美国的政治压力（PPI_us）使人民币出现了贬值趋势，但从第6个月开始，政治压力对人民币升值的正面影响又显现出来并持续至1年后才出现衰减的迹象。因此，脉冲响应函数分析的结果表明，来自外部的政治压力，尤其是来自美国的政治压力会导致人民币升值。

（四）方差分解

脉冲响应函数描述的是VAR模型中的一个内生变量所产生的对其他内生变量的影响，而方差分解则是通过分析每一个结构冲击对内生变量变化的贡献度。这有助于我们评价不同结构冲击的重要性（高铁梅，2006）。我们根据VAR模型结果进行了方差分解，结果列于表5-4中。

表5-4   方差分解分析

预测期	EXCH	PPI_total	INTD	GDP	BOP
1	100.00	0.00	0.00	0.00	0.00
5	94.87	0.33	2.37	0.88	1.55
10	79.09	0.77	3.48	3.30	13.35
15	57.84	2.16	2.87	4.99	32.14
20	41.28	2.91	5.50	4.99	45.32
25	30.46	2.96	10.62	4.20	51.76
30	26.78	2.83	13.55	3.73	53.10
预测期	EXCH	PPI_us	INTD	GDP	BOP
1	100.00	0.00	0.00	0.00	0.00
5	94.71	0.16	2.52	1.02	1.60
10	78.14	0.47	3.52	3.93	13.93
15	56.77	1.37	2.91	6.16	32.78
20	40.38	1.73	5.54	6.38	45.97
25	30.94	1.65	9.82	5.67	51.92
30	26.00	1.47	13.60	4.94	53.99

表5-4的方差分解结果显示：来自外部的政治压力冲击并不是EXCH预测误差的主要来源。12个月以内，来自外部的政治压力（PPI_total和PPI_us）占EXCH预测误差来源的比重不足1%，12个月以后，比重虽然逐步上升，但一直不大，最高也没超过3%。这说明，虽然来自外部的政治压力推动了人民币升值，但是这种影响并不大。真正决定人民币汇率走势的仍然是中国的国际收支状况，该冲击在15期之后成为EXCH预测误差的主要来源，占比超过了50%。

（五）稳健性分析

VAR模型变量顺序的不同会影响脉冲响应函数的输出结果，为此我们做了两个稳健性分析：一是改变VAR模型的变量顺序。考虑如下三种可能的顺序：第一，VAR（EXCH、PPI_total、INTD、BOP、GDP）和VAR（EXCH、PPI_us、INTD、BOP、GDP）；第二，VAR（EXCH、INTD、PPI_total、GDP、BOP）和VAR（EXCH、INTD、PPI_us、GDP、BOP）；第三，VAR（EXCH、INTD、

PPI_total、BOP、GDP）和 VAR（EXCH、INTD、PPI_us、BOP、GDP）。结果表明，研究结论并不受变量顺序变动的影响[①]。二是直接建立 EXCH 和 PPI_total 及 EXCH 和 PPI_us 两变量 VAR 系统进行脉冲响应函数分析。温涛等（2005）认为用这种方法得到的两个变量之间关系的一般冲击可以回避正交化反应变量的顺序依赖性。我们借鉴这一做法，根据 LR、FPE、AIC、SC 和 HQ 等信息准则，选择 3 期和 6 期分别作为 VAR（EXCH、PPI_total）和 VAR（EXCH、PPI_us）模型系统的最优滞后期，对模型的滞后结构进行检验的结果表明，模型特征多项式的根的倒数均位于单位圆内（见图 5-4），因此我们构建的两个两变量 VAR 系统都是稳定的。在此基础上，我们对两个 VAR 模型进行脉冲响应函数分析，结果如图 5-5 所示[②]。

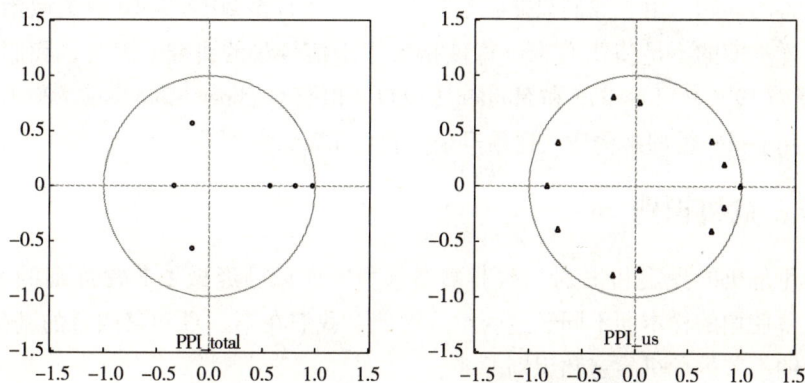

图 5-4　两变量 VAR 系统的稳定性检验

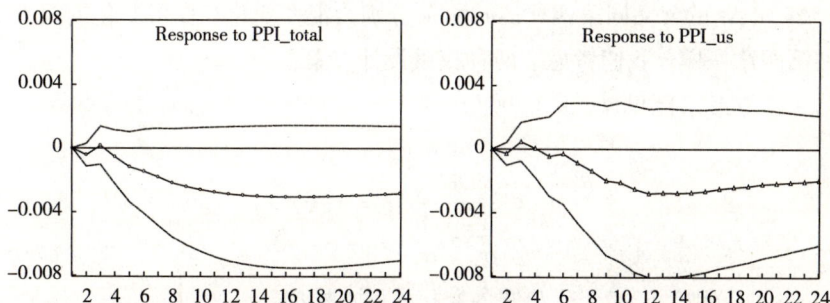

图 5-5　人民币汇率对政治压力冲击的响应 [VAR（2）系统]

[①]　这些稳健性分析的结果和图 5-2 的结果没有显著差别，因此没有提供具体结果。

[②]　两个 VAR 模型都是稳定的，检验结果备索。

图 5－5 更进一步地表明，来自国外的政治压力是导致人民币升值的重要影响因素。不论是总体的政治压力还是来自美国的政治压力，当这些冲击发生后，人民币兑美元汇率在第 2 个月都出现了升值，随后的一期中这种升值压力减小乃至出现了贬值的迹象。从第 4 个月开始，政治压力又重新导致人民币兑美元汇率的持续升值。

第二节　政治压力能预警中国升值型货币危机吗

第一节的研究表明，来自国外的政治压力确实导致了人民币的升值，那么，这种外部的政治压力能否用来预测或预警人民币升值危机，这是本节着重要考察和回答的问题。由于我们只能收集到 2005 年 8 月至 2012 年 10 月的政治压力指数，样本期的不足使我们难以将该指数用于信号法的研究，因此，我们借鉴 Sachs 等（1996）、Bussière 和 Mulder（1999）以及 Gochoco－Bautista（2000）的方法使用 probit 模型来构建人民币升值危机的 EWS。

一、危机识别

关于危机的界定和识别，本书第三章和第四章已经做了非常详细的说明。但是本节使用的样本期不同于这两章，因此，我们在第三章和第四章的基础上，扼要说明本节的危机界定和识别。

首先定义人民币 EMP 指数如下：

$$EMP_t = w_s \Delta s_t - w_r \Delta r_t \qquad (5-1)$$

式中，Δs_t 和 Δr_t 的含义同第四章；w_s 和 w_r 分别为汇率变化和储备变化的权重。其次，和第四章一样，我们考虑了两种权重设计方案：

第一种方案来自 Stavarek（2007）：

$$w_i = \frac{\dfrac{1}{\sigma_i}}{\dfrac{1}{\sigma_s} + \dfrac{1}{\sigma_r}} (i = s, r)$$

式中，σ_s 和 σ_r 分别为汇率变化和储备变化的样本标准差。

第二种方案来自 Sachs 等（1996）和 Kaminsky 等（1998）等：

$$w_s = 1, w_r = \frac{\sigma_s}{\sigma_r}$$

最后，我们选择 $k = 1.5$ 作为临界值，同时考虑了 $k = 2.0$、2.5 和 3.0 等情形。若 $EMP_t < \mu - 1.5\,\sigma$，且 $EMP_t < 0$，那么视为发生了一次人民币升值型危机。我们设定的危机剔除窗口为 12 个月。如果 12 个月内连续发生 2 次或 2 次以上的升值型危机，都视为最先发生的升值型危机的延续，即都视为一次升值型危机①。结果表明，无论采用哪一种权重设计机制，不同临界值下识别出的升值型危机是完全一致的（见表 5－5）。因此，两种不同的权重设计对升值型危机识别并没有影响，但是，临界值的选择却会显著影响升值型危机的识别。考虑到样本限制，我们选择 $k = 1.5$ 和 $k = 2$ 作为临界值，如此，我们共识别了 2 次升值型危机（见表 5－5）。我们首先选择 $k = 1.5$ 作为基准模型进行回归，将 $k = 2$ 留作稳健性检验。

表 5－5　　　　　升值型危机识别（2005 年 8 月至 2012 年 10 月）

临界值	第一种权重设计方案	第二种权重设计方案
	2005 年 8 月	2005 年 8 月
$k = 1.5$（C1）	2008 年 1 月	2008 年 1 月
	2010 年 10 月	2010 年 10 月
	2005 年 8 月	2005 年 8 月
$k = 2.0$（C2）	2007 年 11 月	2007 年 11 月
	2010 年 10 月	2010 年 10 月

资料来源：作者计算。

二、计量模型和结果

（一）解释变量、被解释变量和控制变量

第一章的文献回顾表明，已有建立货币危机 EWS 的方法主要包括信号法和受限因变量回归方法，且信号方法的预警效果通常优于后者。然而，我们采集的政治压力指数样本期不长，难以用于第四章的信号法研究，因此，我们退而求其次，采用 probit 模型建立人民币 EWS。

被解释变量，即危机情形被赋值为 1，其余时期赋值为 0。我们的被解释变量有两个：一个对应 $k = 1.5$（C1），另一个对应 $k = 2$（C2）。解释变量即为我们编制的两种政治压力指数 PPI_total 和 PPI_us。对于控制变量的选择，我们首先根据第四章的研究，将表 4－5 中噪音信号比小于 0.1 的宏观经济变量作为潜在的解释变量引入模型。然后，我们将滞后一期的解释变量和控制变量逐个引入

① 采用 18 个月和 24 个月的剔除窗口时，识别的危机次数没有发生变化。

模型，剔除统计上不显著的变量后保留统计上显著的控制或解释变量（Gochoco – Bautista，2000）。

（二）回归结果

我们的基准回归（利用 C1 进行的回归结果）和利用 C2 进行的稳健性检验结果列于表 5 – 6 中。从表 5 – 6 可见，来自外部的政治压力越大，发生危机的可能性就越高。在给出的控制变量中，并没有哪一个变量在所有回归模型中都是显著的，因此表 5 – 6 并没有报告这些具体的回归结果。根据表 5 – 6 中的 4 个回归模型我们画出了预测货币危机的概率图（见图 5 – 6、图 5 – 7）。

表 5 – 6 回归结果

被解释变量	解释变量	回归系数	t 值	p 值	似然比
C1	PPI_total	0.178	2.429	0.015	10.21
C1	PPI_us	0.529	1.921	0.055	11.28
C2	PPI_total	0.098	1.982	0.047	4.354
C2	PPI_us	0.182	1.800	0.072	3.995

注：本表没有报告常数项。

由图 5 – 6 和图 5 – 7 可见，在 2007 年底之前，预测到的危机概率显著提升，但是现实中并没有发生人民币汇率改革或币值调整的事件，这次政治压力指标所发出的预警信号并不能预测到危机的到来，是一个错误的信号发送。同样，在 2010 年 8 月，预测到的危机概率突然大幅度攀升，但是，随后现实中也并未发生危机。这说明虽然来自外部的政治压力助长了人民币的升值，但是建立在政治压力基础上的 EWS 并不能预测到人民币升值危机，因此政治压力并不是很好的危机预警指标。

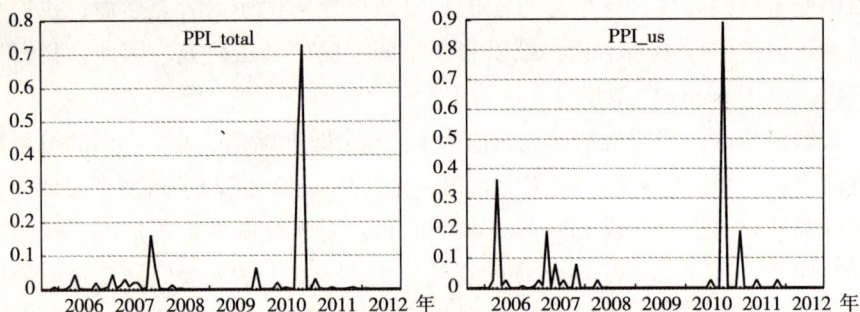

图 5 – 6 预测的危机概率（C1）

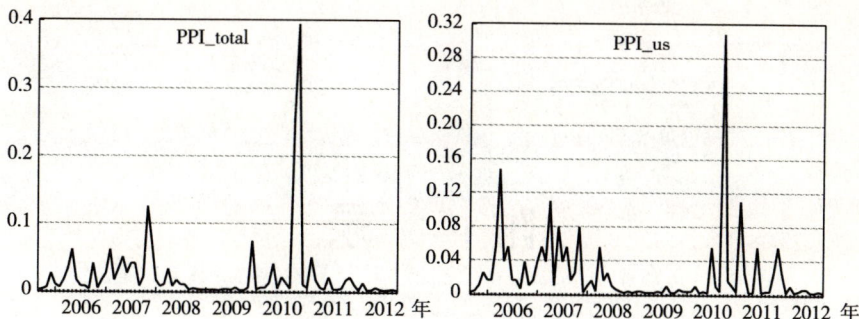

图 5 - 7　预测的危机概率（C2）

本章小结

来自国外的政治压力导致了人民币升值吗？我们利用 Harrilesky（1995）和 Maier 等（2002）的指数构建方法编制了国外要求人民币升值的政治压力指数，在此基础上利用 VAR 模型考察了外部政治压力对人民币升值的影响。我们的研究发现：一是要求人民币升值的政治压力主要来自美国；二是来自国外的政治压力，尤其是来自美国的政治压力确实显著导致了人民币的升值。但是，从影响的程度来看，政治压力对人民币汇率产生的冲击并不严重。

本章利用 probit 模型建立的人民币升值危机 EWS 表明，来自外部的政治压力并不能充当预测人民币升值危机的先行指标，重要的原因在于，虽然来自外部的政治压力导致了人民币的升值，但是这种影响的程度并不大，人民币汇率的变化主要受到中国国际收支状况的影响而不是外部政治压力的影响。

附　　录

表 A-1　　　　　　　　　　　　　　经验研究使用的解释变量

文献	指标类型	解释变量
Eichengreen 等 (1994)		短期货币市场利率；经国际负债调整后的国际储备；中央政府赤字/名义 GDP；实际有效汇率；出口/进口；国内信贷增长率；狭义货币/国际储备增长率；CPI 衡量的通货膨胀
Eichengreen 等 (1995)		总国际储备；长期平均汇率；短期利率；出口和进口；经常账户余额/GDP；中央政府赤字/GDP；长期政府债券收益率；股票市场指数；国内信贷；M_1；M_2；CPI；实际 GDP；实际有效汇率；总就业；失业率；商业部门工资率；资本管制
Eichengreen 等 (1996)		同 Eichengreen 等 (1995)。但还包括政府选举获胜和失败率；外汇市场"事件"（如法定贬值、汇率浮动和汇率波动区间的改变等）
Frankel 和 Rose (1996)	宏观经济指标	国内信贷增长率；政府赤字/GDP；人均 GDP 增长率
	外部指标	债务总额/GNP；外汇储备/月度进口额；经常账户余额/GDP；汇率高估程度
	债务构成指标	商业银行授信的债务总额/外债总额；优惠贷款/外债总额；可变利率债务/外债总额；公共部门债务/外债总额；短期债务/外债总额；跨国发展银行授信的贷款额/外债总额；FDI/外债总额
	国外指标	国外利率；OECD 国家的实际产出增长
Milesi-Ferretti 和 Razin (1998)	宏观经济变量	经济增长率；实际消费增长率；投资增长率；财政盈余；人均 GDP 水平
	金融变量	M_2/GDP；信贷增长率；私人部门信贷/GDP
	外部变量	经常余额；实际有效汇率；实际汇率高估程度；贸易开放度；外部官方转移/GDP；外汇储备/进口；外汇储备/M_2
	债务变量	外债/产出；债务利息/GNP；优惠债务比重；短期债务/总债务；公共债务/债务总额；多边债务/债务总额；FDI/未清偿债务
	国外变量	美国实际利率；OECD 国家增长率；贸易条件
	虚拟变量	地区虚拟变量；汇率制度虚拟变量；表示一国是否具有 IMF 项目的虚拟变量

续表

文献	指标类型	解释变量
Moreno（1995）		期末汇率；短期利率；中央银行持有的国外资产；中央银行持有的国外负债；储备货币；狭义货币；准货币；CPI 衡量的通货膨胀率；出口；进口；预算赤字；政府开支；实际 GDP 或 GNP
Sachs 等（1996）		双边实际汇率；存款银行和货币当局对私人部门的贷款/GDP；M_2/储备；经常账户余额；投资；储蓄；政府消费；资本流动；短期资本流动
Glick 和 Moreno（1999）	货币与信贷变量	名义 M_2 增长率；实际 M_2 增长率；M_2/储备货币增长率；M_2/外汇储备增长率；外汇储备增长率；名义国内信贷增长率；实际国内信贷增长率
	竞争力和贸易变量	对实际汇率趋势的偏离；出口收入增长；贸易余额/出口
Gochoco – Bautista（2000）	金融部门	M_3 货币乘数；M_3 乘数增长率；M_3 增长率；国内信贷总额增长率；私人部门信贷的增长率；通货膨胀率；实际的储蓄存款率；银行系统总存款增长率；M_3/毛国际储备；M_3/毛国际储备增长率
	财政部门	对公共部门的国内信贷增长率
	对外部门	毛国际储备增长率；菲律宾 91 天国债利率与 3 个月期美国国债利率之差；贸易余额；出口增长率；实际汇率变化
	实体经济	国家电力公司（National Power Corporation）月度销售额
Caramazza 等（2000）	实体经济变量	实际 GDP 增长率；失业率；增量资本产出率
	货币变量	通货膨胀率；名义利率；实际利率；实际 M_2；M_2/GDP；国内信贷/GDP；实际国内信贷；实际国内信贷/GDP；私人部门国内信贷/GDP；实际的私人部门国内信贷；实际的私人部门国内信贷/GDP
	财政变量	政府盈余/GDP；公共债务总额/GDP；公共债务总额/GDP 增长率；国内公共债务/GDP；国内公共债务/GDP 增长率；外债/GDP；外债/GDP 增长率
	外部变量	实际有效汇率；外汇储备；贸易条件；经常账户/GDP；贸易余额/GDP；出口；出口/GDP；净私人部门资本流动/GDP；外债/GDP；短期外债/外债总额；本币计值的外债比例；贸易传染
	金融变量	对 BIS 债务中短期债务比例；普通债权人；一国对普通债权人的债务占对 BIS 债务的比例；普通债权人对借款人的贷款占 BIS 债权的比例；对 BIS 债务中私人部门所占比例；短期债务/储备；M_2/储备；国外负债/储备；国外负债/总负债；股票交易量；股价；股价标准差；与第一危机国股价的相关系数
	虚拟变量	墨西哥危机；亚洲危机；俄罗斯危机；银行业危机；亚洲发展中国家；拉丁美洲国家；转型国家；其他发展中国家；汇率制度；资本管制等

续表

文献	指标类型	解释变量
Kumar 等 (1998)		实际 GDP；实际有效汇率对趋势值的偏离；出口；FDI；证券投资；外汇储备；外汇储备/进口；官方债务/债务总额；预算赤字/GDP；全球流动性指标；商品价格；资本账户自由化；趋势；高通货膨胀情形；滞后的汇率变量；传染（出口增长的相关系数）；传染（区域效应）
Kaminsky 等 (1998)		实际汇率对趋势值的偏离；进口；出口；国际储备；广义货币/毛国际储备的百分比变化；实际利差；产出；股价指数；M_2 乘数；国内信贷/GDP；存款实际利率；存贷款利率之比；超额的实际 M_1 余额；银行存款；贸易条件
Kaminsky 和 Reinhart (1999)		同 Kaminsky 等（1998）
Kaminsky（1999）		Kaminsky 等（1998）；国内和国外金融自由化；世界实际利率；外债；资本外逃；短期外债；银行危机
Edison（2003）		实际汇率对趋势值的偏离；进口；出口；外汇储备；M_2/外汇储备的百分比变化；国内外存款的实际利差；工业产值；股价指数；M_2 乘数；国内信贷/GDP；存款实际利率；存贷款利率之比；超额的实际 M_1 余额；商业银行存款；G-7 产出；美国产出；美国利率；油价；M_2/外汇储备的水平值；短期债务/外汇储备的变化；短期债务/外汇储备
Alvarez - Plata 和 Schrooten（2004）		实际汇率对趋势值的偏离；进口；出口；国际储备；M_2/储备的百分比变化；实际利差；产出；M_2 乘数；国内信贷/GDP；实际利率；存贷款利率之比；银行存款；外债
Peng 和 Bajona (2008)		实际汇率对趋势值的偏离；进口；出口；国际储备；M_2/储备；实际利差；工业产值；M_2 乘数；国内信贷/GDP；实际利率；存贷款利率之比；超额的实际 M_1 余额；银行存款；贸易条件
Yap（1998）		实际汇率；进口；出口；国际储备；M_2/储备；实际利差；M_2 乘数；国内信贷；实际利率；存贷款利率之比；超额货币余额；银行存款；产出；股价指数
Moreno（1999）		名义储备货币；名义 M_2；名义国内信贷；实际储备货币；实际 M_2；实际国内信贷；M_2 乘数；M_2 乘数的增长率；M_2/外汇储备；外汇储备
Glick 和 Hutchison（2001）		实际汇率高估程度；出口增长；M_2/外汇储备；经常账户余额/GDP；名义 M_2 增长；实际 M_2 增长；对公共部门的名义国内信贷；对公共部门的实际国内信贷；M_2/储备货币乘数；赤字/GDP；银行危机
Brüggemann 和 Linne（2003）		GDP 增长率；预算赤字/GDP；经常账户余额/GDP；出口增长；外汇储备增长；实际汇率的高估程度；证券投资流入的增长；世界利率；银行存款/GDP；国内信贷的增长；短期外债/外汇储备；资本外逃；信用评级；选举

续表

文献	指标类型	解释变量
Mulder 等 (2007)		实际汇率；经常账户余额/GDP；外汇储备增长；短期债务/外汇储备；出口增长；公司部门资产负债表变量；金融部门资产负债表变量；宏观经济资产负债表数据；公司治理、制度和法律变量
Bussière 和 Mulder (1999)		实际汇率；贷款；M_2/R；经济基本面的虚拟变量；政治集权指数和凝聚力指数；选举的不确定指数；选举日期
Berg 和 Pattilo (1999)		实际汇率对趋势值的偏离；进口；出口；外汇储备；广义货币/毛外汇储备的变化；实际利差；产出；股价指数；M_2 乘数；国内信贷/GDP；存款实际利率；存贷款利率比；超额实际 M_1；银行存款；贸易条件；经常账户余额/GDP；M_2/储备货币
Esquivel 和 Larraín (1998)		储备货币/GDP；实际汇率；经常账户余额；M_2/外汇储备；贸易条件；人均实际收入；地区传染

资料来源：作者根据文献整理。

表 A - 2　　　　　　　　第四章数据来源及处理方法

变量类型	指标名称	计算方法及含义	数据来源
实体经济部门（4）	产出增长（OUTP）	$OUTP\% = 100 \times (OUTP_t - OUTP_{t-12}) / OUTP_{t-12}$	季度 GDP 数据来自《中国人民银行统计季报》各期
	通货膨胀率（INF）	$INF\% = $ 月度环比 CPI $- 100$	谢安（1998）；宋海林、刘澄（2003）；《中国经济景气月报》各期
	实际消费增长率（CONS）	$CONS\% = 100 \times (CONS_t - CONS_{t-12}) / CONS_{t-12}$	用剔除价格因素后的社会商品零售总额近似替代实际消费。社会商品零售总额数据来自西南财经大学中国金融数据中心《精华数据库》和《中国经济景气月报》各期
	房地产销售价格指数（HOU）	$HOU\% = $ 环比 HOU $- 100$	中经网
金融部门（11）	净外币资产（NETFA）	$NETFA\% = 100 \times (NETFA_t - NETFA_{t-12}) / NETFA_{t-12}$	中国人民银行网站
	贷款利率/存款利率（DR/LR）	贷款利率比存款利率与之比	BvD EIU Country data
	实际利率（RINT）	RINT = 名义利率（存贷款利率平均）- 通货膨胀率（INF）	BvD EIU Country data；谢安（1998）；宋海林、刘澄（2003）；《中国经济景气月报》各期
	国内信贷增长（DCRED）	$DCRED\% = 100 \times (DCRED_t - DCRED_{t-12}) / DCRED_{t-12}$	中经网，存款性公司国内信贷
	银行存款增长（BDEP）	$BDEP\% = 100 \times (BDEP_t - BDEP_{t-12}) / BDEP_{t-12}$	中经网，金融机构各项存款（本外币）
	银行贷款增长（BLOAN）	$BLOAN\% = 100 \times (BLOAN_t - BLOAN_{t-12}) / BLOAN_{t-12}$	中经网，金融机构各项贷款（本外币）
	股价指数（上证综合：SHPS）	$SHPS\% = 100 \times (SHPS_t - SHPS_{t-12}) / SHPS_{t-12}$	中经网
	股价指数（深证综合：SZPS）	$SZPS\% = 100 \times (SZPS_t - SZPS_{t-12}) / SZPS_{t-12}$	中经网
	股票交易量变化（STV）	$STV\% = 100 \times (STV_t - STV_{t-12}) / STV_{t-12}$	中经网
	银行财务杠杆（FLEVA）	$FLEVA\% = 100 \times$ 股权/总资产	中经网，负债 = 总资产 - 股权（股权 = 实收资本）

续表

变量类型	指标名称	计算方法及含义	数据来源
金融部门 (11)	银行业稳定指数 (BSTAB)	$BSTAB = ((DCRED\% - \mu_d)/\sigma_d + (BDEP\% - \mu_b)/\sigma_b)/2$ 式中，μ_b 和 μ_d 是 DCRED% 和 BDEP % 的样本均值；σ_d 和 σ_b 分别是二者的样本标准差。$BSTAB \in [-0.5, 0]$，表示银行业存在中等程度的不稳定；$BSTAB \in (-\infty, -0.5)$，表示银行业系统高度不稳定。更详细解释参见 Kibritcioglu（2002）。	中经网
公共部门 (5)	预算赤字/GDP（BUD – G）	$BUD - G\% = $ 预算赤字/GDP	《中国人民银行统计季报》各期；中经网
	储备货币增长（RMON）	$RMON\% = 100 \times (RMON_t - RMON_{t-12})/RMON_{t-12}$	中经网
	超额实际 M_1 余额 (ERM$_1$)	$ERM_1\% = 100 \times ($ 实际 M_1 对数 − 实际 M_1 对数的拟合值） 拟合值利用实际 M_1 对数对产出对数和利率回归得到	中经网
	M_2 乘数（M$_2$MUL）	$M_2MUL = M_2/$ 储备货币	中经网
	对银行部门的信贷增长 (LTB)	$LTB\% = 100 \times (LTB_t - LTB_{t-12})/LTB_{t-12}$	中经网，对其他存款性公司债权 + 对其他金融机构债权
国际收支和外国变量 (11)	外汇储备增长（FEX）	$FEX\% = 100 \times (FEX_t - FEX_{t-12})/FEX_{t-12}$	www.safe.gov.cn
	出口增长（EXG）	$EXG\% = 100 \times (EXG_t - EXG_{t-12})/EXG_{t-12}$	中经网
	进口增长（IMG）	$IMG\% = 100 \times (IMG_t - IMG_{t-12})/IMG_{t-12}$	中经网
	实际汇率对趋势的偏离 (RERD)	$RERD\% = $ 实际汇率滤波后的周期性波动部分（cycle） 趋势值利用 EViews 5.1 的 HP 滤波得到	www.bis.org

续表

变量类型	指标名称	计算方法及含义	数据来源
国际收支和外国变量（11）	实际利差（RINTD）	RINTD = 国内实际利率 – 国外实际利率。其中，实际利率 = 名义利率 – 通货膨胀率。国内名义利率为 1 个月期银行间同业拆借利率；国外利率为 1 个月期联邦基金利率，国内外通货膨胀率为 CPI 指数	数据来自中经网；谢平、罗雄（2002）；谢安（1998）；宋海林、刘澄（2003）；《中国经济景气月报》各期；St. Louis Fed.
	国外产出增长（FOUTP）	FOUTP% = 100 ×（FOUTP$_t$ – FOUTP$_{t-12}$）/FOUTP$_{t-12}$	St. Louis Fed.
	贸易余额/GDP（TB – GDP）	TB – GDP = 贸易余额/GDP	中经网；《中国人民银行统计季报》各期
	贸易开放度（OPEN）	OPEN = 100 ×（EX + IM）/GDP	中经网；《中国人民银行统计季报》各期
	贸易条件（TOT）	TOT = 100 ×出口品价值指数/进口品价值指数	中经网
	短期资本流动变化（SCF）	SCF% = 100 ×（SCF$_t$ – SCF$_{t-12}$）/SCF$_{t-12}$ 式中，SCF = 外汇储备增量 – 贸易顺差 – FDI 流量	中经网；商务部
	外国直接投资变化（FDI）	FDI% = 100 ×（FDI$_t$ – FDI$_{t-12}$）/FDI$_{t-12}$	商务部
EMP 指数（2）	兑美元名义汇率（BER）	BER% = 100 ×（BER$_t$ – BER$_{t-1}$）/SCF$_{t-1}$	St. Louis Fed.
	外汇储备变化（FEXC）	FEXC% = 100 ×（FEXC$_t$ – FEXC$_{t-1}$）/FEXC$_{t-1}$	www. safe. gov. cn

表 A - 3　　政治压力指数（2005 年 8 月至 2012 年 10 月）

时间	PPI_total	PPI_us	时间	PPI_total	PPI_us	时间	PPI_total	PPI_us	时间	PPI_total	PPI_us
2005 年 8 月	0	0	2007 年 7 月	12	7	2009 年 6 月	1	0	2011 年 5 月	9	7
2005 年 9 月	2	1	2007 年 8 月	5	4	2009 年 7 月	4	3	2011 年 6 月	2	0
2005 年 10 月	4	3	2007 年 9 月	9	5	2009 年 8 月	0	0	2011 年 7 月	2	1
2005 年 11 月	10	5	2007 年 10 月	18	8	2009 年 9 月	0	0	2011 年 8 月	3	1
2005 年 12 月	6	4	2007 年 11 月	15	0	2009 年 10 月	4	2	2011 年 9 月	8	5
2006 年 1 月	4	4	2007 年 12 月	8	3	2009 年 11 月	15	1	2011 年 10 月	9	7
2006 年 2 月	8	7	2008 年 1 月	5	4	2009 年 12 月	2	1	2011 年 11 月	6	5
2006 年 3 月	11	10	2008 年 2 月	6	1	2010 年 1 月	4	1	2011 年 12 月	0	0
2006 年 4 月	14	6	2008 年 3 月	11	7	2010 年 2 月	4	3	2012 年 1 月	7	3
2006 年 5 月	8	7	2008 年 4 月	5	4	2010 年 3 月	7	0	2012 年 2 月	0	0
2006 年 6 月	5	4	2008 年 5 月	8	5	2010 年 4 月	12	1	2012 年 3 月	1	1
2006 年 7 月	5	4	2008 年 6 月	6	3	2010 年 5 月	3	0	2012 年 4 月	4	2
2006 年 8 月	2	2	2008 年 7 月	6	2	2010 年 6 月	9	7	2012 年 5 月	2	2
2006 年 9 月	12	6	2008 年 8 月	1	1	2010 年 7 月	7	3	2012 年 6 月	0	0
2006 年 10 月	3	3	2008 年 9 月	3	0	2010 年 8 月	3	1	2012 年 7 月	1	0
2006 年 11 月	8	4	2008 年 10 月	2	1	2010 年 9 月	23	13	2012 年 8 月	2	1
2006 年 12 月	10	6	2008 年 11 月	1	0	2010 年 10 月	27	4	2012 年 9 月	0	0
2007 年 1 月	14	7	2008 年 12 月	1	1	2010 年 11 月	6	3	2012 年 10 月	0	0
2007 年 2 月	8	6	2009 年 1 月	1	1	2010 年 12 月	4	1			
2007 年 3 月	11	9	2009 年 2 月	1	0	2011 年 1 月	13	9			
2007 年 4 月	13	3	2009 年 3 月	0	0	2011 年 2 月	8	5			
2007 年 5 月	10	8	2009 年 4 月	2	0	2011 年 3 月	4	0			
2007 年 6 月	12	6	2009 年 5 月	2	1	2011 年 4 月	2	0			

资料来源：作者编制。

表 A－4　人民币 EMP 和 ERFI 指数（1994 年 2 月至 2012 年 10 月）

时间	非模型依赖指数 EMP	非模型依赖指数 ERFI	模型依赖指数 EMP	模型依赖指数 ERFI
1994 年 2 月	-0.2426	-0.1145	-3.4126	-0.0101
1994 年 3 月	-0.2918	0.0254	-3.6360	0.0025
1994 年 4 月	-0.2879	-0.0321	-3.7773	-0.0030
1994 年 5 月	-0.6718	0.5411	-4.3816	0.1028
1994 年 6 月	-0.3392	0.0630	-4.0797	0.0065
1994 年 7 月	-0.5771	0.3727	-4.8825	0.0546
1994 年 8 月	-0.8053	0.6189	-4.5306	0.1363
1994 年 9 月	-0.7473	0.6181	-4.2116	0.1358
1994 年 10 月	-0.3444	0.2439	-3.4249	0.0304
1994 年 11 月	-0.3531	0.3265	-3.1756	0.0450
1994 年 12 月	-0.5418	0.5894	-3.2320	0.1224
1995 年 1 月	-0.6393	0.6328	-3.4944	0.1434
1995 年 2 月	-0.2358	0.2226	-2.4027	0.0271
1995 年 3 月	-0.2227	0.3002	-2.0702	0.0400
1995 年 4 月	-0.1037	0.5715	-0.6400	0.1147
1995 年 5 月	-1.1813	0.8562	-3.4193	0.3664
1995 年 6 月	-0.3652	0.4353	-2.8269	0.0697
1995 年 7 月	-0.2856	-0.0034	-3.6525	-0.0003
1995 年 8 月	-0.1881	-0.2372	-2.9127	-0.0190
1995 年 9 月	-0.1101	-1.0646	-2.7543	-0.0527
1995 年 10 月	-0.2436	0.0835	-2.8722	0.0088
1995 年 11 月	-0.2293	0.0803	-2.7116	0.0084
1995 年 12 月	-0.1899	-0.0816	-2.5998	-0.0074

时间	非模型依赖指数 EMP	非模型依赖指数 ERFI	模型依赖指数 EMP	模型依赖指数 ERFI
1996 年 1 月	-0.1861	-0.1769	-2.7518	-0.0148
1996 年 2 月	-0.2313	0.1926	-2.4366	0.0226
1996 年 3 月	-0.0206	-7.3634	-2.0125	-0.0935
1996 年 4 月	-0.0848	-0.2281	-1.3035	-0.0184
1996 年 5 月	-0.2262	0.1539	-2.4835	0.0174
1996 年 6 月	-0.2727	0.1951	-2.8653	0.0230
1996 年 7 月	-0.3026	0.0480	-3.6915	0.0049
1996 年 8 月	-0.2705	0.1074	-3.1154	0.0115
1996 年 9 月	-0.2673	0.1377	-2.9848	0.0153
1996 年 10 月	-0.2519	0.1615	-2.7438	0.0184
1996 年 11 月	-0.2014	0.0241	-2.5122	0.0024
1996 年 12 月	-0.1946	0.0199	-2.4372	0.0020
1997 年 1 月	-0.2226	0.1307	-2.5037	0.0144
1997 年 2 月	-0.2238	0.1430	-2.4858	0.0159
1997 年 3 月	-0.1589	-0.1892	-2.3719	-0.0157
1997 年 4 月	-0.1487	0.0065	-1.8855	0.0006
1997 年 5 月	-0.2361	0.1150	-2.6977	0.0125
1997 年 6 月	-0.2372	0.0205	-2.9683	0.0020
1997 年 7 月	-0.3970	0.1515	-4.3700	0.0171
1997 年 8 月	-0.1934	-0.1254	-2.7461	-0.0109
1997 年 9 月	-0.1942	0.0800	-2.2977	0.0084
1997 年 10 月	-0.1907	0.1833	-2.0294	0.0213
1997 年 11 月	-0.1142	0.2211	-1.1659	0.0268

续表

时间	非模型依赖指数		模型依赖指数	
	EMP	ERFI	EMP	ERFI
1997年12月	-0.0539	0.1801	-0.5758	0.0209
1998年1月	0.0502	-0.0967	0.6963	-0.0086
1998年2月	-0.0195	1.0964	-0.0025	10.5447
1998年3月	0.0081	0.4781	0.0589	0.0817
1998年4月	0.0056	-3.1093	0.2732	-0.0793
1998年5月	0.0219	1.1527	-0.0114	-2.7464
1998年6月	0.0026	5.9602	-0.1457	-0.1321
1998年7月	-0.0122	0.0000	-0.1553	0.0000
1998年8月	-0.0437	0.0000	-0.5567	0.0000
1998年9月	-0.1069	0.4092	-0.8594	0.0630
1998年10月	-0.4101	0.6577	-2.1244	0.1573
1998年11月	-0.0507	0.0000	-0.6471	0.0000
1998年12月	-0.0250	-0.0780	-0.3413	-0.0071
1999年1月	0.0365	0.2406	0.3640	0.0299
1999年2月	-0.0126	0.6204	-0.0705	0.1370
1999年3月	0.0052	2.0462	-0.0566	-0.2346
1999年4月	0.1010	0.0000	1.2881	0.0000
1999年5月	-0.0941	0.0726	-1.1209	0.0075
1999年6月	-0.1733	0.0281	-2.1536	0.0028

时间	非模型依赖指数		模型依赖指数	
	EMP	ERFI	EMP	ERFI
1999年7月	-0.4899	0.0080	-6.2025	0.0008
1999年8月	-0.1566	0.0249	-1.9521	0.0025
1999年9月	-0.0519	-0.0376	-0.6840	-0.0035
1999年10月	0.0415	0.0235	0.5178	0.0023
1999年11月	0.1340	0.0510	1.6299	0.0052
1999年12月	0.2156	0.0543	2.6148	0.0055
2000年1月	-0.2291	0.0085	-2.8986	0.0008
2000年2月	-0.0492	0.2179	-0.5043	0.0263
2000年3月	-0.0078	-0.6256	-0.1555	-0.0388
2000年4月	0.0153	0.4462	0.1165	0.0726
2000年5月	-0.0643	0.1819	-0.6857	0.0211
2000年6月	-0.0327	0.2685	-0.3158	0.0344
2000年7月	0.0422	0.5081	0.2914	0.0912
2000年8月	-0.0172	-0.1131	-0.2423	-0.0100
2000年9月	-0.0371	0.2893	-0.3492	0.0380
2000年10月	-0.0580	0.0000	-0.7397	0.0000
2000年11月	-0.1234	0.0869	-1.4498	0.0092
2000年12月	-0.0593	0.0493	-0.7224	0.0050
2001年1月	0.1727	0.0282	2.1455	0.0028

时间	非模型依赖指数		模型依赖指数	
	EMP	ERFI	EMP	ERFI
2001年2月	-0.2694	0.0181	-3.3790	0.0018
2001年3月	-0.0428	-0.0913	-0.5901	-0.0082
2001年4月	-0.0638	0.0611	-0.7687	0.0063
2001年5月	-0.0798	0.0122	-1.0065	0.0012
2001年6月	-0.5173	0.0000	-6.5966	0.0000
2001年7月	-0.1657	0.0059	-2.1011	0.0006
2001年8月	-0.2375	-0.0041	-3.0396	-0.0004
2001年9月	-0.2639	0.0074	-3.3432	0.0007
2001年10月	-0.3204	0.0000	-4.0859	0.0000
2001年11月	-0.1992	-0.0049	-2.5518	-0.0005
2001年12月	-0.1953	0.0250	-2.4339	0.0025
2002年1月	0.4160	0.0164	5.2256	0.0016
2002年2月	-0.2064	0.0189	-2.5873	0.0019
2002年3月	-0.1048	-0.0558	-1.4042	-0.0052
2002年4月	-0.1495	0.0065	-1.8957	0.0006
2002年5月	-0.0807	0.0242	-1.0062	0.0024
2002年6月	-0.0551	0.0531	-0.6692	0.0054
2002年7月	-0.1242	-0.0079	-1.5945	-0.0008
2002年8月	-0.2071	0.0047	-2.6296	0.0005
2002年9月	-0.1946	-0.0150	-2.5157	-0.0014
2002年10月	-0.2291	-0.0085	-2.9437	-0.0008
2002年11月	-0.3081	0.0000	-3.9290	0.0000
2002年12月	-0.2808	-0.0174	-3.6365	-0.0017
2003年1月	-0.5211	0.0037	-6.6230	0.0004
2003年2月	-0.0910	-0.0536	-1.2165	-0.0050
2003年3月	-0.2247	0.0304	-2.7871	0.0030
2003年4月	-0.2492	0.0039	-3.1667	0.0004
2003年5月	-0.3081	0.0095	-3.8952	0.0009
2003年6月	-0.3036	-0.0064	-3.8941	-0.0006
2003年7月	-0.3540	-0.0055	-4.5365	-0.0005
2003年8月	-0.3838	0.0076	-4.8605	0.0007
2003年9月	-0.4391	-0.0044	-5.6213	-0.0004
2003年10月	-0.5449	0.0072	-6.9030	0.0007
2003年11月	-0.5238	-0.0019	-6.6903	-0.0002
2003年12月	0.5751	0.0017	7.3228	0.0002
2004年1月	-0.4140	0.0000	-5.2794	0.0000
2004年2月	-0.2785	-0.0035	-3.5630	-0.0003
2004年3月	-0.3756	0.0000	-4.7899	0.0000

续表

时间	非模型依赖指数		模型依赖指数	
	EMP	ERFI	EMP	ERFI
2004 年 4 月	-0.3531	0.0055	-4.4797	0.0005
2004 年 5 月	-0.1807	-0.0108	-2.3263	-0.0010
2004 年 6 月	-0.4048	0.0096	-5.1166	0.0009
2004 年 7 月	-0.3413	0.0000	-4.3520	0.0000
2004 年 8 月	-0.3543	-0.0028	-4.5286	-0.0003
2004 年 9 月	-0.4489	0.0022	-5.7130	0.0002
2004 年 10 月	-0.6449	0.0030	-8.2007	0.0003
2004 年 11 月	-1.2728	0.0000	-16.2307	0.0000
2004 年 12 月	-0.8745	0.0000	-11.1512	0.0000
2005 年 1 月	-0.5064	0.0000	-6.4576	0.0000
2005 年 2 月	-0.3821	0.0000	-4.8724	0.0000
2005 年 3 月	-0.4943	0.0000	-6.3029	0.0000
2005 年 4 月	-0.2254	0.0000	-2.8737	0.0000
2005 年 5 月	-0.7346	0.0000	-9.3669	0.0000
2005 年 6 月	-0.5849	0.0000	-7.4591	0.0000
2005 年 7 月	-1.0439	0.4696	-7.6680	0.0792
2005 年 8 月	-1.6598	0.7430	-6.9675	0.2192
2005 年 9 月	-0.5133	0.1904	-5.4199	0.0223
2005 年 10 月	-0.3647	0.0657	-4.3744	0.0068

时间	非模型依赖指数		模型依赖指数	
	EMP	ERFI	EMP	ERFI
2005 年 11 月	-0.3590	0.1530	-3.9452	0.0172
2005 年 12 月	-0.4814	0.1764	-5.1602	0.0204
2006 年 1 月	-0.9760	0.1035	-11.2829	0.0111
2006 年 2 月	-0.4081	0.3486	-3.5660	0.0494
2006 年 3 月	-0.5360	0.3034	-4.9625	0.0406
2006 年 4 月	-0.4135	0.5037	-2.8747	0.0897
2006 年 5 月	-0.4962	0.0244	-6.1881	0.0024
2006 年 6 月	-0.9677	0.0927	-11.3073	0.0098
2006 年 7 月	-0.7402	0.1978	-7.7537	0.0234
2006 年 8 月	-0.4817	0.3675	-4.1047	0.0534
2006 年 9 月	-0.9413	0.4184	-7.4685	0.0653
2006 年 10 月	-0.7834	0.4113	-6.2797	0.0636
2006 年 11 月	-0.9493	0.4272	-7.4360	0.0676
2006 年 12 月	-1.5233	0.2724	-14.6483	0.0351
2007 年 1 月	-1.2677	0.2799	-12.0806	0.0364
2007 年 2 月	-1.2699	0.3060	-11.7193	0.0411
2007 年 3 月	-0.8880	0.1562	-9.7264	0.0177
2007 年 4 月	-0.9080	0.1403	-10.1120	0.0156
2007 年 5 月	-1.2710	0.3910	-10.4859	0.0587

续表

时间	非模型依赖指数 EMP	非模型依赖指数 ERFI	模型依赖指数 EMP	模型依赖指数 ERFI
2007年6月	-1.1402	0.4070	-9.1975	0.0625
2007年7月	-1.4978	0.4083	-12.0597	0.0628
2007年8月	-0.3735	0.0656	-4.4806	0.0068
2007年9月	-1.2477	0.4492	-9.4569	0.0734
2007年10月	-0.2195	0.9352	-0.4356	0.5838
2007年11月	-1.5689	0.5579	-9.9288	0.1092
2007年12月	-0.6051	0.9526	-1.0795	0.6614
2008年1月	-2.4692	0.5716	-15.2362	0.1147
2008年2月	-1.5015	0.5681	-9.3259	0.1133
2008年3月	-1.5314	0.6828	-7.4890	0.1730
2008年4月	-1.5884	0.5237	-10.6766	0.0965
2008年5月	-0.7308	0.4301	-5.6996	0.0683
2008年6月	-0.9816	0.8680	-2.7076	0.3898
2008年7月	-1.3247	0.5662	-8.2576	0.1125
2008年8月	-0.1768	-0.7144	-3.7078	-0.0422
2008年9月	-0.7731	0.2367	-7.7518	0.0292
2008年10月	-0.5111	-0.1179	-7.2109	-0.0104
2008年11月	-0.1626	0.5595	-1.0262	0.1098
2008年12月	-0.1140	-2.6699	-4.9595	-0.0760
2009年1月	-0.3842	0.5495	-2.4683	0.1059
2009年2月	-0.2003	-0.0177	-2.5949	-0.0017
2009年3月	-0.1532	0.0231	-1.9125	0.0023
2009年4月	-0.3178	0.2007	-3.3180	0.0238
2009年5月	-0.5288	0.1588	-5.7769	0.0180
2009年6月	-0.1408	-0.8315	-3.1426	-0.0461
2009年7月	-0.2684	0.0748	-3.1908	0.0078
2009年8月	-0.8552	-0.0083	-10.987	-0.0008
2009年9月	-0.0544	1.0000	-0.0674	0.9997
2009年10月	-0.3749	0.0315	-4.6447	0.0032
2009年11月	-0.3938	-0.0120	-5.0764	-0.0012
2009年12月	-0.5021	-0.0094	-6.4568	-0.0009
2010年1月	-0.3704	0.0192	-4.6410	0.0019
2010年2月	-0.1893	-0.0999	-2.6315	-0.0089
2010年3月	-0.3931	0.0692	-4.6995	0.0072
2010年4月	-0.4883	0.0145	-6.1455	0.0014
2010年5月	-0.1242	-0.1808	-1.8430	-0.0151
2010年6月	-0.3076	0.3501	-2.6824	0.0497
2010年7月	-0.7257	0.6907	-3.4832	0.1782

续表

时间	非模型依赖指数 EMP	ERFI	模型依赖指数 EMP	ERFI
2010年8月	-0.1591	-0.8307	-3.5497	-0.0461
2010年9月	-0.8674	0.6564	-4.5054	0.1565
2010年10月	-1.5118	0.5720	-9.3226	0.1149
2010年11月	-0.5332	0.3183	-4.8452	0.0434
2010年12月	-0.3854	0.1291	-4.3417	0.0142
2011年1月	-1.1212	0.5795	-6.8172	0.1180
2011年2月	-0.4922	0.5055	-3.4120	0.0903
2011年3月	-0.5177	0.2753	-4.9605	0.0356
2011年4月	-0.7660	0.6086	-4.4005	0.1312
2011年5月	-0.6968	0.5517	-4.4596	0.1068
2011年6月	-0.5357	0.4903	-3.8068	0.0855
2011年7月	-0.4761	0.4484	-3.6131	0.0732
2011年8月	-0.8955	0.7556	-3.6289	0.2310
2011年9月	-0.4154	0.4588	-3.1033	0.0761

时间	非模型依赖指数 EMP	ERFI	模型依赖指数 EMP	ERFI
2011年10月	-0.1403	1.5781	0.7602	-0.3608
2011年11月	-0.1616	1.1461	0.0717	-3.2014
2011年12月	-0.0766	1.3608	0.2233	-0.5782
2012年1月	-0.5453	0.7247	-2.4040	0.2036
2012年2月	-0.2751	0.8140	-0.9300	0.2983
2012年3月	0.0750	2.1844	-0.9300	-0.2183
2012年4月	-0.0518	2.0271	0.5480	-0.2372
2012年5月	0.2557	0.9951	0.3312	0.9516
2012年6月	0.4949	1.0053	0.5826	1.0579
2012年7月	0.1038	1.0256	0.0980	1.3457
2012年8月	-0.1620	0.9708	-0.2551	0.7636
2012年9月	-0.5022	0.9966	-0.6418	0.9659
2012年10月	-0.7362	0.9988	-0.9221	0.9878

资料来源：作者计算编制。

注　释

符号	含义
I	名义汇率的百分比变化；EMP 指数
μ	样本均值
σ	标准差
S	名义汇率
s	名义汇率（自然对数）
i	名义利率
R	外汇储备
B	基础货币
Δ	一阶差分算子
RER	实际汇率
Y	实际产出
Y^d	对国内产出的总需求
y	实际产出（自然对数）
y^*	充分就业产出（自然对数）
P	一般价格水平
p	一般价格水平（自然对数）
p^n	不可贸易品价格（自然对数）
p^t	可贸易品价格（自然对数）

符号	含义
E	期望算子
M^d	名义货币需求
m^d	名义货币需求（自然对数）
M^d/P	实际货币需求
$m^d - p$	实际货币需求（自然对数）
M^s	名义货币供给
m^s	货币供给（自然对数）
M^s/P	实际货币供给
$m^s - p$	实际货币供给（自然对数）
d	国内信贷（自然对数）
r	外汇储备（自然对数）
Ω	信息集
X^e	对变量 X 的预期
EMP	外汇市场压力
EWS	货币危机早期预警系统
ERFI	汇率制度弹性指数
I1	预警危机的综合指标 1
I2	预警危机的综合指标 2

注：除 y^* 外，书中带上标 * 的变量均为相应的国外变量。

参考文献

［1］A. H. 施图德蒙德：《应用计量经济学》北京，机械工业出版社，2007。

［2］高铁梅：《计量经济分析方法与建模——EViews 应用及实例》，北京，清华大学出版社，2006。

［3］温涛、冉光和、熊德平：《中国金融发展与农民收入增长》，载《经济研究》，2005（9）。

［4］樊纲、魏强、刘鹏：《中国经济的内外均衡与财税改革》，载《经济研究》，2009（8）。

［5］郭树清：《中国经济的内部平衡与外部平衡问题》，载《经济研究》，2007（12）。

［6］黄志刚：《外国直接投资、贸易顺差和汇率》，载《世界经济》，2009（4）。

［7］李子联：《政治与汇率：人民币升值的政治经济学分析》，载《世界经济与政治》，2011（9）。

［8］林桂军、Ronald Sehramm：《我国储蓄/投资差额的结构分析与经常项目顺差》，载《财贸经济》，2008（4）。

［9］刘涛、周继忠：《外部压力是否推动了人民币升值——基于2005 – 2010年美国施压事件效果的考察》，载《金融研究》，2011（11）。

［10］刘晓辉、张璟：《人民币升值压力与汇率形成机制弹性测算》，载《南大商学评论》，2012（17）。

［11］宋海林、刘澄：《中国货币信贷政策理论与实证》，北京，中国金融出版社，2003。

［12］肖文、潘家栋：《人民币升值中外部压力的冲击与效应》，载《经济理论与经济管理》，2013（8）。

［13］许雄奇、张宗益、康季军：《财政赤字与贸易收支不平衡》，载《世界经济》，2006（2）。

［14］余维彬：《"弱币"的升值危机：新兴市场经验对中国的启示》，载《数量经济技术经济研究》，2009（6）。

［15］余永定、覃东海：《中国的双顺差：性质、根源和解决办法》，载《世界经济》，2006（3）。

［16］张璟、刘晓辉：《中国货币升值的早期预警系统：基于信号法的研究》，载《国际金融研究》，2013（11）。

［17］赵文军、于津平：《中国贸易顺差成因研究——基于跨时最优消费理论的实证分析》，载《经济研究》，2008（12）。

［18］Abiad, Abdul, 2003. Early-warning systems：A survey and a regime - switching approach. IMF, Working Paper, No. 32.

［19］Alvarez - Plata, Patricia, and Schrooten, Mechthild, 2004. Misleading indicators? The Argentinean currency crises, Journal of Policy Modeling, Vol. 26, No. 5, 587 - 603.

［20］Aminian, Nathalie, Fung K. C., Garcia - Herrero, Alicia, and Siu Alan, 2010. Exchange rate policy and rising protectionism：Political economy of the Chinese Yuan, paper presented for Asia - Pacific Economic Association Conference, Hong Kong, 2010.

［21］Berg, Andrew, and Pattillo, Catherine, 1999a. Are currency crises predictable? A test. IMF, Staff Papers, Vol. 46, No. 2, 107 - 138.

［22］Berg, Andrew, and Pattillo, Catherine, 1999b. Predicting currency crises：The indicators approach and an alternative, Journal of International Money and Finance, Vol. 18, No. 4, 561 - 586.

［23］Berg, Andrew, Borensztein, Eduardo, and Pattillo, Catherine, 2004. Assessing early warning systems：How have they worked in practice? IMF, Working Paper, No. 52.

［24］Bertoli, Simone, Gallo, Giampiero, and Ricchiuti, Giorgio, 2010. Exchange market pressure：Some caveats in empirical applications, Applied Economics, Vol. 42, No. 19, 2435 - 2448.

［25］Boyer, Russell S., 1978. Optimal foreign exchange market intervention, Journal of Political Economy, Vol. 86, No. 6, 1045 - 1055.

[26] Brüggemann, Axel, and Linne, Thomas, 2003. Are the Central and Eastern European transition countries still vulnerable to a financial crisis? Results from a multivariate logit analysis, paper prepared for the Annual Conference of the Royal Economic Society, University of Warwick, UK.

[27] Bubula, A. , and Ötker – Robe, İ, 2002. The evolution of exchange rate regimes since 1990: Evidence from de facto policies, IMF, Working Paper, No. 155.

[28] Bussière, Matthieu, and Mulder, Christian, 1999. Political instability and economic vulnerability, IMF, Working Paper, No. 46.

[29] Calvo, Guiliermo A. , and Reinhart, Carmen M. , 2002. Fear of floating, Quarterly Journal of Economics, Vol. CXVII, No 2, 379 – 408.

[30] Caramazza, Francesco, Ricci, Luca, and Salgado, Ranil, 2000. Trade and financial contagion in currency crises, IMF, Working Paper, No. 55.

[31] Dubas, Justin M. , Lee, Byung – Joo, and Mark, Nelson, C. , 2010. A multinomial logit approach to exchange rate policy classification with an application to growth, Journal of International Money and Finance, Vol. 29, No. 7, 1438 – 1462.

[32] Edison, Hali J. , 2003. Do indicators of financial crises work? An evaluation of an early warning system, International Journal of Finance and Economics, Vol. 8. No. 1, 11 – 53.

[33] Eichengreen, Barry, Rose, Andrew K. , and Wyplosz, Charles, 1994. Speculative attacks on pegged exchange rates: An empirical exploration with special reference to the European monetary system, NBER, Working Paper, No. 4898.

[34] Eichengreen, Barry, Rose, Andrew K. , and Wyplosz, Charles, 1995. Exchange market mayhem: The antecedents and aftermath of speculative attacks, Economic Policy, Vol. 10, No. 21, 249 – 312.

[35] Eichengreen, Barry, Rose, Andrew K. , and Wyplosz, Charles, 1996. Contagious currency crises, Scandinavian Journal of Economics, Vol. 98, No. 4, 463 – 484.

[36] Eichengreen, Barry, Rose, Andrew K. , and Wyplosz, Charles, 1996. Contagious currency crises, Scandinavian Journal of Economics, Vol. 98, No. 4, 463 – 484.

[37] Esquivel, Gerardo, and Larraín, Felipe, 1998. Explaining currency crises, John F. Kennedy Faculty Research WP Series, No. 7.

［38］ Faia, Ester, Massimo Giuliodori, and Michele Ruta, 2008. Political pressures and exchange rate stability in emerging market economies, Journal of Applied Economics, Vol. XI, No. 1, 1 – 32.

［39］ Feenstra, Robert C. , and Taylor, Alan M. , 2012. International Macroeconomics (2nd Edition), Worth Publishers, New York.

［40］ Fischer, Stanley, 2001. Exchange rate regimes: Is the bipolar view correct?, Journal of Economic Perspectives, Vol. 50, No. 2, 3 – 24.

［41］ Frankel, Jeffrey A. , 2005. Contractionary currency crashes in developing countries, IMF, Staff Papers, Vol. 52, No. 2, 149 – 192.

［42］ Frankel, Jeffrey A. , and Rose, Andrew K. , 1996. Currency crashes in emerging markets: An empirical treatment, Journal of International Economics, Vol. 41, No. 3 – 4, 351 – 366.

［43］ Frieden, Jeffry A. , 1991. Invested interests: The politics of national economic policies in a world of global finance, International Organization, Vol. 45, No. 4, 425 – 451.

［44］ Frieden, Jeffry A. , 1994. Exchange rate politics: Contemporary lessons from American history, Review of International Political Economy, Vol. 1, No. 1, 81 – 103.

［45］ Girton, Lance, and Roper, Don, 1977. A monetary model of exchange market pressure applied to the postwar Canadian experience, American Economic Review, Vol. 67, No. 4, 537 – 548.

［46］ Glick, Reuven, and Hutchison, Michael M. , 2001. Banking and currency crises: How common are twins?, In Financial Crises in Emerging Markets (Reuven Glick, Michael M. Hutchison eds.), Cambridge University Press, 2001.

［47］ Glick, Reuven, andMoreno, Ramon, 1999. Money and credit, competitiveness, and currency crises in Asia and Latin America, Pacific Basin Working Paper, No. 1.

［48］ Gochoco – Bautista, Maria, Socorro, 2000. Periods of currency pressure: Stylized facts and leading indicators, Journal of Macroeconomics, Vol. 22, No. 1, 125 – 158.

［49］ Hausmann, Ricardo, Panizza, Ugo, and Stein, Ernesto, 2001. Why do countries float the way they float?, Journal of Development Economics, Vol. 66, No.

2, 387 – 414.

［50］ Havrilesky, T. , 1995. The Pressures on American Monetary Policy, Kluwer Academic Publishers, Dordrecht.

［51］ Holden, Paul, Holden, Merle, and Suss, Esther C. , 1979. The determinants of exchange rate flexibility: An empirical investigation. Review of Economics and Statistics, Vol. 61, No. 3, 327 – 333.

［52］ IMF, 2004. World Economic Outlook, Chapter 2, International Monetary Fund.

［53］ Kaminsky, Graciela, 1999. Currency and banking crises: The early warnings of distress, IMF, Working Paper, No. 178.

［54］ Kaminsky, Graciela, and Reinhart, Carmen M. , 1999. The twin crises: The causes of banking and balance – of – payments problems, American Economic Review, Vol. 89, No. 3, 473 – 500.

［55］ Kaminsky, Graciela, Lizondo, Saul, and Reinhart, Carmen M. , 1998. Leading indicators of currency crises, IMF, Staff Papers, Vol. 45, No. 1, 1 – 48.

［56］ Kibritcioglu, Aykut, 2002. Excessive risk – taking, banking sector fragility, and banking crisis, Beureau of Economic and Business Research, Working Paper, No. 114.

［57］ Klaassen, Franc, and Jager, Henk, 2011. Definition – consistent measurement of exchange market pressure, Journal of International Money and Finance, Vol. 30, No. 1, 74 – 95.

［58］ Krugman, Paul R. , Obstfeld, Maurice, and Melitz, Marc J. , 2012. International Economics: Theory and Policy (9th edition) . Pearson Education, Inc.

［59］ Kumar, Mohan, Moorthy, Uma, and Perraudin, William, 2003. Predicting emerging market currency crashes, Journal of Empirical Finance, Vol. 10, No. 4, 427 – 454.

［60］ Levy – Yeyati, Eduardo, and Sturzenegger, Federico, 2003. To float or to fix: Evidence on the impact of exchange rate regimes on growth, American Economics Review, Vol. 93, No. 2, 1173 – 1193.

［61］ Levy – Yeyati, Eduardo, and Sturzenegger, Federico, 2005. Classifying exchange rate regimes: Deeds vs. words, European Economic Review, Vol. 49, No. 2, 1603 – 1635.

［62］ Lima, Juan Manuel, Montes, Enrique, Varela, Carlos, and Wiegand, Johannes, 2006. Sectoral balance sheet mismatches and macroeconomic vulnerabilities in Colombia, 1996 – 2003, IMF, Working Paper, No. 5.

［63］ Lin, Chin – Shien, Khan, Haider A. , and Chang, Ruei – Yuan, 2008. A new approach to modeling early warning systems for currency crises: Can a machine – learning fuzzy expert system predict the currency crises effectively?, Journal of International Money and Finance, Vol. 27, No. 7, 1098 – 1121.

［64］ Liu, Li – gang, and Pauwels, Laurent, 2014. Do external political pressure affect the Renminbi exchange rate?, Journal of International Money and Finance, Vol. 31, No. 6, 1800 – 1818.

［65］ MacDonald, Ronald, 2007. Exchange Rate Economics: Theories and Evidence, 2nd edition, Routledge, London and New York.

［66］ Maier, Philipp, Sturm, Jan – Egbert, and de Haan, Jakob, 2002. Political pressure on the Bundesbank: An empirical investigation using the Havrilesky approach, Journal of Macroeconomics, Vol. 24, No. 1, 103 – 123.

［67］ Milesi – Ferretti, Gian M. , and Razin, Assaf, 1998. Current account reversals and currency crises: Empirical regularities, IMF, Working Paper, No. 89.

［68］ Moreno, Ramon, 1995. Macroeconomic behavior during periods of speculative pressure or realignment: Evidence from Pacific Basin Economies, Federal Reserve Bank of San Francisco Economic Review, No. 3, 3 – 16.

［69］ Moreno, Ramon, 1999. Was there a boom in money and credit prior to East Asia's recent currency crises?, Federal Reserve Bank of San Francisco Economic Review, No. 1, 23 – 41.

［70］ Peng, Duan, and Bajona, Claustre, 2008. China's Vulnerability to Currency Crisis: A KLR Signals Approach, China Economic Review, Vol. 19, No. 2, 138 – 151.

［71］ Poirson, Helene, 2001. How do Countries Choose Their Exchange Rate Regime?, IMF, Working Paper, No. 46.

［72］ Ramirez, Carlos D. , 2013. The Political Economy of "Currency Manipulation" Bashing, China Economic Review, Vol. 27, No. C, 227 – 237.

［73］ Rogoff, Kenneth S. , Husain, Aasim M. , Mody, Ashoka, Brooks, Robin, and Oomes, Nienke, 2003. Evolution and performance of exchange rate regimes, IMF

Working Paper, 243.

[74] Roper, Don E. , and Turnovsky, Stephen J. , 1980. Optimal exchange market intervention in a simple stochastic macro model, Canadian Journal of Economics, Vol. 13, No. 2, 296 – 309.

[75] Sachs, Jeffrey, Tornell, Aaron, and Velasco, Adnrés, 1996. Financial crises in emerging markets: The lessons from 1995, NBER, Working Paper, No. 5576.

[76] Stavarek, Daniel, 2007, Comparative analysis of the exchange market pressure in central European countries with the Eurozone membership perspective, MPRA Working Paper, No. 3906.

[77] Weymark, Diana N. , 1995. Estimating exchange market pressure and the degree of exchange market intervention for Canada, Journal of International Economics, Vol. 39, No. 3 – 4, 273 – 295.

[78] Weymark, Diana N. , 1997. Measuring the degree of exchange market intervention in a small open economy, Journal of International Money and Finance, Vol. 16. No. 1, 55 – 79.

[79] Yam, Joseph. Political pressure on the renminbi exchange rate, http://www. hkma. gov. hk/.

[80] Yap, Josef T. , 1998. Developing an early warning system for BOP and financial crises: The case of the Philippines, Philippine Institute for Development Studies, Discussion Paper, No. 40.